Baudelaire et la modernité poétique

보들레르와
시의
현대성

Baudelaire
et la
modernité
poétique

도미니크 랭세

Dominique
Rincé

정명희
옮김

KOREA
UNIVERSITY
PRESS
고려대학교
출판문화원

차례

제3장 《악의 꽃》의 도정

제4장 《악의 꽃》의 시학

제5장 《파리의 우울》의 산문

제6장 유산과 영향

머리말

1857년은 19세기 프랑스 문학사에서, 넓게는 우리의 20세기 문학사에서 결정적인 해였다. 그해에 거의 동시에 두 개의 "스캔들" 작품이 진행되었다. 바로 귀스타브 플로베르의《마담 보바리》와 샤를 보들레르의《악의 꽃》이다. 그러나 이 두 작품의 실로 혁신적인 측면이 알려진 것은 나중의 일이다. 게다가 당시 이들에게 가해진 혐의나 비난의 이유도 전혀 다르다. 이 시인과 소설가는 말하자면 자신의 작품에서 미학적 실력행사를 구현하는 셈인데, 두 사람의 책이 전통 시대를 "마감"함과 동시에, 각자의 방식으로 현대성의 시대를 열어젖힌다. 플로베르가 없었다면 프루스트부터 누보로망 작가들에 이르기까지의 현대소설이 오늘날과 같은 위치를 갖지 못했을 만큼, 플로베르의 재능을 있는 그대로 인정해야 한다. 그러나 현대성 입문은 보들레르에게서 보다 예리한 비평적 지성으로써 행사되는 것으로 보인다.

시인이기 이전에 저널리스트, 에세이스트, 문학비평가, 그리고 미술비평가인 보들레르는 "현대성"(이렇게 명명한 것은 보들레르가 처음이다)*을 생각하고, 검증하고, 그 범위를 정한다. 그런 다음, 묘사 공간으로서뿐 아니라 이 말의 본래 의미에서의 표현 공간으로서의 운문 또는 산문으로 된 시를 이 현대성에 바친다. 이에 관하여 피에르 장 주브는 이렇게 말한다. "보들레르는 하나의 기원起源이다. 수세기에 걸친 무미건조한 문장과 장광설 후에 그는 프랑스 **시**를 창조한다. (…) 그의 창조는 가치의 대대적인 변화를 알린다 — 합리에서 비합리로, 사고의 평이함에서 창의의 신비로." 《악의 꽃》 저자의 언어는, 대체로 "고전적"으로 보이는 외양 아래, 우리가 아직 결말을 내지 못한 현대성의 가치와 거부를 전달하는 역할을 줄곧 하고 있다. 이는 시간과 역사에 대한 새로운 자각, 자연 그대로의 또는 "세속적인" 외관에 대한 의심, 이성에 이의를 제기하는 대화자로서의 상상력에 대한 재인식, 너무 오랫동안 일상에서 멀어졌거나 모르고 있던 예술을 그 일상 안에서 "재정비"하는 것이다.

이 새로운 유연성 때문에—실존적일 뿐 아니라 존재

론적 차원의 기도이기도 한—보들레르의 작품은 전체로 볼 때 "혁명"의 기호이며 행위다. 어쨌든, 가에탕 피콩이 아주 적절하게 단언하듯이 "보들레르의 작품은 이제부터 무엇이 우리 눈에 시의 색채를 가져올지 결정한다."

* '현대성'이라는 단어 자체의 사용이 보들레르가 처음은 아니다. 프랑스에 한해서 보면 이미 발자크와 고티에, 뒤마 등이 이 단어를 사용했으나 오늘날 인식되는 적극적인 의미의 사용은 보들레르가 처음이라고 할 수 있다. (이하 모든 주는 옮긴이 주이다.)

제1장

전기상의 지표

1821년 4월 9일 샤를 피에르 보들레르, 파리 오트 푀유 가街에서 태어남. 아버지 프랑수아 보들레르는 화가, 어머니 카롤린 뒤파이스는 재혼 상대였다.

1827년 2월 10일 프랑수아 보들레르 사망. 샤를은, 부성애뿐 아니라 처음으로 예술에 눈뜨게 해준 아버지에 대한 경건한 추억을 지니게 된다.

1828년 11월 8일, 어머니 카롤린은 짧은 독신 생활을 보낸 후, 육군 소령 오피크와 재혼한다. 계부에 대한 장기간의 증오와 어머니에 대한 질투 섞인 경멸의 시작.

1828-35년 리옹에 전속된 자크 오피크는 그곳으로 가족을 데려간다. 샤를은 왕립 중학교에 입학한다. 암울한

시기였다. 소년은 일기에 이렇게 쓴다. "리옹의 중학교, 주먹다짐, 교사들 동급생들과의 싸움, 짓누르는 듯한 우울." 그러나 나중에 〈벌거벗은 내 마음〉에서 "어떤 때는 교황, 그런데 군대의 교황, 어떤 때는 배우"라고 이야기하게 될, 신비주의와 유연한 마음의 움직임이 사춘기의 몽상에서 언뜻 보인다.

1836-39년 오피크는 1836년에 파리 참모본부에 복귀한다. 샤를은 루이 르 그랑 고등학교에 입학한다. 처음에는 상당히 좋은 성적을 거두고 1837년에는 라틴어 시로 이등 상을 받는다. 시에 대한 열정은 교사들과 동급생들의 응원이 별로 없었음에도 커져간다. "위고, 고티에 등의 시를 끊임없이 낭송하면서, 시에 감격하여 어쩔 줄 모르는 괴짜"라는 말을 들었다. 그의 초기작들은 대체로 당시 열광하고 평생 좋아할 생트뵈브 모작이다.

1839년 불미스러운 "쪽지" 사건으로 루이 르 그랑 고등학교에서 퇴학당하지만, 샤를은 8월에 바칼로레아에 합격한다.

1840-42년. 가족과의 위기가 시작된다 갈수록 시에 몰두

하고, 모든 직업을 경멸하여 부모에게 큰 걱정을 끼친다. 샤를은 문학 서클과 문학 잡지사에 드나들기 시작한다. 논쟁적 신문인 초창기《해적》편집팀에 참여하여, 발자크와 페트뤼스 보렐을 만난 것이 특기할 만하다. 동료들의 찬탄을 부르는 옷맵시 좋은 "당디슴"을 표방하면서, 그는 번갈아가며 무위와 한보閑步, 방탕을 누린다. 카르티에 라탱의 조그마한 유대인 사팔뜨기 창녀 사라와의 관계가 장차《악의 꽃》의 "대담한" 몇몇 작품들에게 영감을 준다.

1841년 6월, 아들의 타락에 효과적인 "기분전환"이 될 수 있다고 믿는 어머니에게 강하게 떠밀린 보들레르는 아무 열의 없이 보르도에서 "여객선 남해"에 승선한다. 실제 그는 여행을 끝까지 하지는 않는다. 모리셔스 섬과 부르봉 섬(현재의 레위니옹)에서 가을에 두 차례 짧게 체류한 후 프랑스로 송환된다. 여전히 말수는 적지만 그 후로는 도취케 하는 이국적 환영에 기억과 상상력이 젖어있었다.

프랑스인 서신교환자 한 사람에게 섬에서 보낸 소네트〈식민지 태생의 부인에게〉는 이 이국정서 침투의 시적 흔적을 보여주는 첫 번째 케이스다. 여기에서는 여자와 풍경이 같은 관능 속에서 뒤섞인다…

1842–44년. 여유 있고 행복한 3년 프랑스로 돌아온 두 달 후, 성년이 된 보들레르는 아버지의 유산을 받을 수 있게 된다. 그는 바노 거리 베튄 강변로에 거처를 정하고 나중에는 앙주 강변로 17번지 피모당 호텔로 이사한다. 기묘한 가구, 일본 판화와 희귀 장정본 등 잡다한 골동품에 둘러싸여 유복하게 살면서, 느긋한 당디상을 연마하고 가다듬는다. 한 친구는 이렇게 말했다. "보들레르는 영국풍이면서 낭만적인 옷차림을 했다. 바이런이 브라멜 차림새를 한 격이다." 라 투르 다르장에서 하는 저녁식사와 해시시 클럽에서의 집회. 이 클럽에서 고티에, 발사크와 알게 되고, 어쩌면 이미 아폴로니 사바티에와도 친교를 맺는다. 이 동안 그는 많은 시를 쓰는데(〈지옥의 돈 후안〉, 〈거인 여자〉, 〈썩은 시체〉, '포도주' 시편들 등) 발표는 보류한다.

아들의 생활양식과 늘어나는 빚에 놀란 어머니는 법정 후견인을 선정하기 위해 수속을 시작한다. 1844년 9월에 뇌이이의 베테랑 공증인 나르시스 앙셀 씨가 이 임무를 맡게 된다. 이후 모든 경제적 안락을 빼앗는 조치에 깊이 상심한 보들레르의 저주에도 불구하고, 이 공증인은 자신의 피후견인에 대한 확실한 호감을 끝까지 유지하게 된다.

1845년. 황금기의 종말 6월에 보들레르는 재산을 연인 잔 뒤발에게 유증하고 자살하겠다고 앙셀에게 엄포를 놓는다. 그는 1842년 섬 여행에서 돌아온 직후 이 혼혈 여자를 만났다. 포르트 생 탕투안의 소극장 단역인 그녀는 재능도 미모도 거의 갖추지 못했던 것 같다. 보들레르는 그녀에게서 섬 지방의 "검은 비너스"에 대한 추억과, 방빌이 말하는 "어딘가 신성하고도 짐승 같은 점"을 특히 좋아했다. 독한 술에 탐닉한 그녀는 건강이 악화되어 결국 몸이 마비될 지경에 이른다. 헌신적인 시인은 그녀를 정성껏 돌봐주고 입원비를 지불하고, 벨기에로 떠날 때까지 자신의 집에서 지내도록 그녀를 떠맡는다. 쌍방의 수많은 무분별한 행동에도 불구하고 의리가 이 불타는 관계의 특징이고, 이러한 관계는《악의 꽃》의 가장 아름답고 가장 정열적인 시들의 영감원이 된다.

친구들, 특히 고티에와 아슬리노에게서, 소개받아 알게 된 위고로부터도 용기를 얻은 보들레르는 생활을 확보하기 위해 비평의 길을 선택한다. 1845년 4월에는 〈1845년 살롱〉을 펴낸다. 이것은 그가 이미 여러 해 전부터 자주 만나던 화가들과 조각가들(들라크루아, 도미에, 프라디에)에 대한 평가에서 자신의 재능을 드러내는 괄목할 만한 "인물" 연구다.

1846년. 결실이 많은 해 자신의 이름으로 영국 중편소설 〈청년 마법사〉를 번역 발표하고, 《에스프리 퓌블리크》에 〈문학청년들에게 주는 조언〉을 게재한 후, 보들레르는 〈1846년 살롱〉(들라크루아, 베르네, 앵그르)으로 비평 활동을 재개한다. 장차 《악의 꽃》에 수록되는 두 편의 시 〈지옥의 돈 후안〉과 〈말라바르 여인에게〉가 마침내 발표된다.

1847-51년. 정치에의 관심 1847년 1월 《문인협회보》에 중편소설 〈라 팡파를로〉 발표로 왕성한 문학 활동의 한 시기에 마침표를 찍는다. 그해 8월 포르트 생마르탱 극장의 배우 마리 도브룅에게 반하기도 한 보들레르는, 급격히 정치에 뛰어든다. 정치에 관한 그의 사고는 전적으로 모호하다. 한때 프루동과 친분을 맺은 그가 〈1846년 살롱〉의 어느 대목에서는 공화국을 조롱하지 않았던가? 혁명에 대한 몽상도 그에 못지않게 이중적이다. 그는 이렇게 말했다. "나는 희생자가 되는 것에 만족할 뿐 아니라, 사형집행자가 되는 것도 마다하지 않을 것이다—혁명을 두 가지 방식으로 느끼기 위해서…"[1] 어쨌

1 《가련한 벨기에!》.

든 단명했던 신문《살뤼 퓌블리크》를 1848년 2월에 샹플뢰리와 함께 발간하고 6월 봉기에 참여하는 것은 사실이다.

개인적 반항이었을까 아니면 1848년 혁명 이념에 진심으로 찬동했을까. 〈벌거벗은 내 마음〉의 한 단장은 이 대목에서도 청년 작가의 태도를 신중히 평가하게 만든다. "1848년에 있었던 나의 도취. 이 도취는 어떤 성질의 것이었나? 복수 욕구, 파괴의 본능적 쾌락. 문학적 도취, 독서의 추억." 계부에 대한 증오와 소설적 "미메시스"가 여름의 이 열기 속에서 얼마나 많은 몫을 차지하고 있었는지 엿보인다.

정치와의 결별은 참여할 때와 마찬가지로 급작스럽다. 1851년 12월의 쿠데타 직후에 일어났다. 미망에서 깨어난 시인은 이제 세상과 역사의 "광기"에 질겁한 경멸의 눈길밖에는 보내지 않는다. "6월의 공포. 민중의 광기와 부르주아지의 광기… 얼마나 수치스러운지! 그런데 모든 것이 진정되었다. (…) 나는 이제부터 모든 인간적 논쟁에는 무관하게 살기로 작정했다." 그는 이미 1848년에 에드거 포의 〈최면술의 계시〉를 번역 발표했는데, 포는 그에게 고난에 찬 문학적 "은둔" 동기를 제공한다.

1852년 장문의 훌륭한 연구 〈에드거 앨런 포, 그의 생애와 작품〉이《르뷔 드 파리》에 발표된다. 이 글은《이상한 이야기》서문으로 쓰인다. 17년 동안 보들레르는 이 미국 단편작가의 작품과 함께하는데, 놀라운 끈기와 적확함으로 포의 본질을 역출해 낸다.

1853-56년 또다시 왕성한 문학 활동 시기. 에드거 포 번역 작품들(《까마귀》, 《이상한 이야기》)에 호응하여 새로운 비평문 몇 편이 나온다. 그중 중요한 것은 자신의 미학 개념들(호가스, 고야, 브뤼헐, 그리고 역시 도미에와 들라크루아)을 전개시킨 1855년의 〈만국박람회〉[2]다. 특히 그해 6월에 《르뷔 데 되 몽드》가 처음으로《악의 꽃》이라는 이름으로 열여덟 편의 시를 선보인다. 이듬해 시인은 시집 전체를 간행하기 위한 편집자를 찾아낸다. 오귀스트 풀레-말라시. 알랑송 사람인 풀레-말라시는 이미 방빌의 시집《줄타기 오드》를 출판했고 이후 생트뵈브와 아슬리노와 함께 시인의 가장 충실한 친구의 한 사람이 된다.

2 저자(랭세)의 기억상 착오. 들라크루아를 제외한 나머지 화가들을 소개한 것은 〈1855년의 만국박람회〉가 아니라 같은 해에 발표된 〈외국의 풍자화가 몇 사람〉이나.

1857년. 《악의 꽃》의 해 2월 4일 보들레르는 원고를 풀레-말라시의 파리 대리인에게 넘긴다. 5개월에 걸친 인쇄 "논쟁" 후, 책자가 6월 25일 발매된다. 그런데 필시 내무부에 촉발되어 나온 7월 5일 자 《피가로》의 악의적인 기사가 시집에 수록된 몇 작품의 "부도덕성"을 고발한다. 경범재판소에 소환된 보들레르는 피나르 검사(같은 해 《마담 보바리》를 논고했던 바로 그 인물)의 논고로 벌금과 여섯 편 삭제를 언도받는다. 이 여섯 편의 시는 1866년에 《표류물》이라는 제목으로 재발표된다. 분노한 위고는 저자에게 이렇게 써 보낸다. "현행 체제가 줄 수 있는 드문 영예 하나를 당신은 이제 막 받았습니다. 그 체제에 의해 정의라고 불리는 것이 도덕이라고 불리는 것의 이름으로 당신을 단죄했습니다. 이것은 영예로운 왕관이 하나 더 늘어난 것입니다. 시인이여, 악수를 청합니다." 실제로 소송으로 인해 보들레르는 대중의 호기심과 관심을 다시 얻게 된다.

또 하나의 실망이 이 해에 그를 기다리고 있었다. 1852년부터 그는 "여女의장" 아폴로니 사바티에에게 플라토닉한 연애편지를 보내고 있었다. 교양 있는 이 아름다운 부인은 일요일이면 예술가들(뒤마, 부예, 플로베르, 막심 뒤캉 등)에 둘러싸여 식사하며 담소하기를 즐겼다.

보들레르는 갓 얻어낸 명성 덕분에 마침내 "이상의 여인"에게 접근할 수 있게 되었다. 그런데 육체 신고식과, 그가 "어느 날의 현실"이라고 부르는 것이 익명의 사랑이 지닌 아우라를 깡그리 날려버리게 된다. 그는 밀회를 하고 난 다음 날인 8월 31일 그녀에게 이렇게 편지를 쓴다. "며칠 전 그대는 신성한 존재였습니다. 그것은 참으로 아늑하고, 아름답고, 범접할 수 없는 것입니다. 그런데 이제 그대는 여자입니다." 그래도 아폴로니는 점차 소원해지기는 할지라도, 시인이 벨기에로 떠날 때까지 그를 변함없이 진심으로 맞이한다.

1857년 말 보들레르는 첫 산문시들을 발표한다.

1858-60년 왕성한 문학 활동 마지막 시기. 파리에서 여기저기 거처를 옮기고, 1857년 4월 오피크가 사망하자 어머니와 화해하고 어머니의 집이 있는 옹플뢰르에 여러 차례 체류하는 보들레르는 많은 저작과 발표를 거듭한다. 1858년 9월에 《인공낙원》의 첫 부분인 〈해시시〉, 1859년 3월에 장문의 평론 〈테오필 고티에〉, "현대성" 개념을 분명히 밝히는 〈1859년 살롱〉(밀레, 코로 등)이다. 1860년에는 새로 쓴 35편의 시가 증보된 《악의 꽃》 재판과, 〈아편 중독자〉로써 완성된 《인공낙원》을 위해 말

행인 풀레-말라시와 계약을 새로 맺는다. 당시 시인의 명성은 절정에 있다. 그러나 빚과 병과 불안의 먹구름이 드리운다. 1860년 말에 그는 다시 자살을 기도한다. "나는 제라르와 같은 종류의 병이 든 것 같네. 말하자면 이제 생각할 수도, 글 한 줄도 쓸 수 없다는 공포 말이야"라고 아슬리노에게 써 보낸다.

1861-63년. 종말의 시작 《악의 꽃》 재편집과 음악평론 〈리하르트 바그너와 파리에서의 탄호이저〉 발표에도 불구하고, 1861년은 보들레르에게 두 가지 커다란 실망을 가져온 해다. 시인 때문에 지불 불가능한 막대한 빚을 떠안은 풀레-말라시가 파산 위기에 몰린다. 특히 그해 말, 아카데미에 입후보했을 때 시인은 공개적으로 수모를 당한다. 처음에 스크리브의 회원석 입후보자였는데, 생트뵈브의 조언에도 불구하고, 라코르데르의 후임으로 나서겠다고 갑자기 결심을 바꾼다…《악의 꽃》의 부도덕한 저자, 그자가! 노호, 항의, 조롱의 목소리. 비니를 비롯한 몇몇 친한 동료들은 입후보 사퇴를 종용한다. 1862년 2월에 사퇴. 그러나 충격이 컸다. 건강이 나빠지고 파리에 대한 혐오와, 그가 "궁색하게" 살아갈 수밖에 없는 사회에 대한 혐오가 달이 갈수록 심해진다.

몇 군데 잡지에 발표된 산문시 몇 편과 1863년 말《피가로》에 실린 데생화가 콩스탕탱 기스에 관한 평론〈현대 생활의 화가〉를 제외하면, 아무것도 간행하지 못하고 수도의 거리거리로 고작 자신의 "우울"을 끌고 다니는 정도다. 어느 날 밤 카데 거리의 무도회장에서 만나 안부를 묻는 샤를 몽슬레에게 그는 이렇게 대답한다. "여보게, 해골들이 지나가는 걸 보고 있다네." 경제적으로나 정신적으로 유익한 망명 생각이 이미 뇌리에 싹터 있었다.

1864-66년. 가련한 벨기에 1864년 4월 24일 보들레르는 파리를 떠나 브뤼셀로 간다. 세 가지 이유가 그를 이 여행에 나서게 한다. 동향인들의 몰이해,《전집》간행 출판사를 물색하려는 기대, 강연으로 약간의 돈을 벌고자 하는 기대가 그것이다. 5월에 문학예술협회에서의 제1기 발표는 실망스럽게 끝난다. 이해받지 못한 보들레르는 청중들에게 "천박한 대중vulgum pecus"에 대한 경멸을 드러낸다. "얼마나 어리석고 둔한 민중인가!" 더욱이《가련한 벨기에!》라는 제목이 될 풍자집을 위한 메모를 써 보기 시작한다.

1865년 초 건강상태가 눈에 띄게 악화된다. 그럼에

도 〈벌거벗은 내 마음〉을 꾸준히 써나가고 "벨기에에서 발견한 유일한 진짜 예술가"라고 벨기에 출신 화가이자 판화가 펠리시앵 롭스를 세상에 알린다. 파리에서는 그의 건강을 걱정하는 친구들이 돌아오라고 그를 부른다. 7월에 옹플뢰르에 잠깐 들렀다 브뤼셀로 돌아와 원한과 고초를 되새김질한다. 갈수록 고통이 심해지자 디기탈리스, 아편, 벨라도나 같은 약물을 남용하지 않을 수 없게 된다.

1866–67년. 마지막 여행 1866년 3월 중순, 보들레르가 펠리시앵 롭스와 풀레-말라시를 동반하여 나뮈르의 생루 교회를 찾아갔을 때, 실신하여 쓰러진다. 브뤼셀에서 입원한 그는, 약물과 알코올의 과다 섭취로 촉발되었을 실어증과 반신불수의 온갖 증세를 보인다. 7월 초 파리 돔 거리에 있는 뒤발 박사의 요양소로 옮겨온다. 생트뵈브, 방빌, 르콩트 드 릴, 나다르 및 그 밖에 많은 친구들이 병문안을 온다. 의식은 또렷하지만 병마로 운신하지 못하는 그는 지칠 줄 모르고 이 네 마디를 반복하는 수밖에 없다. "아냐, 쳇 빌어먹을, 빌어먹을…"

병세는 1867년 여름 동안 빠르게 진행된다. 8월 31일 밤, 무시무시한 단말마 끝에, 아슬리노, 풀레-말라시 그리고 어머니가 지켜보는 가운데 숨을 거둔다. 바로 그날 《르뷔 나시오날》에 "《악의 꽃》의 짝을 이루기 위해" 벨기에에서 작성된 《산문소시》의 마지막 미발표 작들이 실린다. 9월 2일, 뇌이이에서 종교의식에 따른 장례가 끝난 후, 소수의 참석자 앞에서 몽파르나스 묘지의 오피크 장군과 같은 무덤에 매장된다. 방빌은 놀랄 만큼 적절한 조사를 읽는다. "그는 현대인을, 그 쇠약과 더불어, 그 병적 우아함과 더불어, 그 무력한 동경과 더불어 전면적으로 받아들였다."

1868년 테오필 고티에가 12월에, 미셸 레비 출판사에서 발간되는 《악의 꽃》 판본에 멋진 서문을 쓴다.

1871년 8월 16일, 보들레르의 어머니가 옹플뢰르에서 사망한다. 몽파르나스 묘지의 아들과 두 번째 남편 곁에 매장된다. 잔 뒤발은 아마 바로 그해 파리에서 사망한 것 같다.

1890년 3월 3일, 뇌이이에서 아폴로니 사바티에 사망.

1901년 2월 9일, 파리에서 마리 도브룅 사망.

제2장 비평과 현대성

보들레르의 주요 비평문들은 너무나 오랫동안 시 작품의 여백에 밀려나 있었다. 그런데 문학 영역에서나(〈나의 동시대인 몇 사람에 대한 고찰〉, 《낭만파 예술》 등[3]), 예술 영역에서나(각 〈살롱〉들, 〈1855년의 만국박람회〉 또는 〈현대생활의 화가〉) 오늘날에는 이 비평작품들이 배양하고 영원히 생명력을 주는 저 시학을 이해하는 데 결정적인 역할을 하는 것으로 보인다. 그의 문학 경력에서 비평과 시작詩作이 번갈아 나타난다고는 해도, 그에게는 비평의 성찰이 시 쓰기보다 실제로 존재론적 우위에 있다고 주저 없이 우리는 말할 것이다. 한편에 낭만주의와 형식주의, 또 다른 편에 사실주의와 실증주의가 대립하는 반세기 동안의 미학적 대논쟁, 그 안에 자리 잡는 구실로서의 비평이 보들레르에게는 "현대성"의 탐색, 이어서 착상에 이르는 최초의 길이었다. 그 다음으로《악의 꽃》또는《파리의 우울》은 창조적 언어의 차원에서 이러한 현대성의 직접적인 실험이 된다.

1. 비평의 상황 보들레르는 19세기 전반 끝 무렵인 1842년경에 글을 쓰기 시작한다. 이러한 문학적 역사적 상황은 그의 시작詩作 방법의 의미 자체를 이해하는 데 중요하다. 모든 면에서 그 상황은 "비평적"이라고 해야 한다. 교우관계와 독서체험으로 인해 1830년 세대 낭만파의 상속자이지만, 다양한 기치 아래 이미 죽어가는 낭만주의(위고는 물론 제외하고)에 반기를 드는 사람들과 동시대인인 보들레르는 당시의 대난한 사상논쟁에 관하여 숙고하고 거기에 가담하게 된다. 그의 예술관, 따라서 그의 시학은 이중의 비평적 고찰, 즉 낭만주의의 무절제에 대한 고찰과 형식주의 및 그 변종이 초래하는 위험 또는 궁지에 대한 고찰 끝에 명확해질 것이다.

보들레르는 낭만주의의 많은 특질과 원리를 찬탄하고 자신의 의견으로 끊임없이 주장했다. 1859년에도 그는 이렇게 말했다. "낭만주의는 천상의 혹은 악마의 은

3 《낭만파 예술》은 〈나의 동시대인 몇 사람에 대한 고찰〉을 비롯하여, 문학과 작가들에 관한 평론들, 특히 에드거 포에 관한 폭넓은 연구와, 음악 평론 〈리하르트 바그너와 파리에서의 탄호이저〉 등을 아우른다.

종이어서, 우리에게 영원한 흔적을 남겼다."[4] 샤토브리앙과 《르네》의 열광적인 독자, 빅토르 위고의 《오드집》과 《징벌 시집》에 찬사를 보내는 비판자인 그는 특히 생트뵈브의 작품, 소설 《애욕》과 오랫동안 시집의 완벽한 모델로 삼은 《조제프 들로름의 생애, 시와 사상》에 똑같이 깊은 영향을 받았다. 낭만주의의 자유분방하고 흐트러진 면모도 경험을 통해 평가했을 것이 분명하다. 이러한 측면은 그가 보기에 특히 《마담 퓌티파르》의 저자인 "늑대인간" 페트뤼스 보렐이 구현하고 있었다. 그러나 더 단순하게 말하면, 보들레르와 낭만파 사이에는 심리적으로나 정서적으로 사실상의 친근성이 있었다. 제정기 작가들의 정신적 공허감, 7월 혁명기 작가들의 반항 또는 신비주의, 위고 같은 인물의 신비와 무한의 감각, 바로 이것이 1845년 보들레르의 기질에서 보이는 것과 동일한 특징들이고 《악의 꽃》의 많은 시가 드러낼 특징들이다. 그가 쓴 유일한 소설 〈라 팡파를로〉(1847)의 주인공 사뮈엘 크라메르가 작가의 심리적 인물상을 상당히 정확하게 전달해 준다. "강렬한 번득임이 뒤섞여, 게으르면서도 진취적이고, 어려운 계획들과 우스꽝스러운 좌절로 넘쳐나는 어두운 성질…" 기복이 심하고 분열된 이 성격, 욕망의 강렬함과 행동의 중압 사이에서 갈가리 찢긴 이 의지, 이것이야말로 낭만주의의 속성이라는 것에는 의심의 여지가 없다.

그렇기는 하지만, 보들레르가 낭만주의를 비판적으로 지켜보고 그것의 덫 또는 오류들을 아주 일찍부터 고발함으로써 낭만주의를 넘어선다는 것이 핵심이다. 예를 들어 그가 뮈세를 "나쁜 시인"이라고 싫어하는 것은, 내성에의 탐닉, 단순한 서정적 심정토로, 그리고 특히 예술의 온갖 안이함이나 방종에 빠지는 것에 대한 거부 때문이다. 이 마지막 문제는, 1845년부터 형식의 엄격함과 시적 "기법"의 진지한 태도로 돌아오라고 권장하는 소집단과 운동으로 자연스럽게 기울게 되는 관심을 이해하는 데 결정적이다.

〈에르나니〉 시대에 전투적 낭만주의 개척자의 한 사람이었고, 그 후에는 "예술을 위한 예술" 이론의 선도자였던 테오필 고티에. 그의 지기 보들레르는 한때 "형식주의" 이론들에 이끌리게 된다. 이 이론들은《파르나스 콩탕포랭》[5]이라는 유명한 그룹보다 훨씬 이전인 1840년대에 **조형파**나 **이교파** 같은 여러 유파를 탄생시킨다.

4 〈1859년 살롱〉, 'V. 종교, 역사, 환상'.

5 *Parnasse contemporain*. '현대 고답파'는 세 차례(1866, 1871, 1876년)에 걸쳐 동인지를 냈다.

이 명칭들은 더욱이 그 유파가 어떤 유의 방침을 세우는지 명확하게 보여준다. 즉, 낭만파적 정신성의 과잉을 끝장낸다, "세속적"이고 순수한 **미**에 대한 숭배를 부활시킨다, 감정의 진정성보다 형식의 완벽을 중시한다는 것이다. 이 "완전무결한 시인들"과 운문의 달인들을 접촉함으로써 보들레르는 하나의 기법을 획득하게 되고 시 형식상의 구조가 갖는 중요성을 깨닫게 된다. 이것이 《악의 꽃》 전체의 건축성은 물론 시 하나하나의 구성에도 깊은 영향을 주게 된다.

반면, 1845년 형식주의의 여러 가지 양상은 이내 그의 재능과는 양립하기 어려워진다. 당시 유행하던 유파들의 신앙고백에서 감지되는 모종의 "이교적 유물주의"가 그의 정신성 및 신비주의와 충돌한다. 그는 이렇게 쓴다. "오로지 물질 예술의 유혹에만 둘러싸이는 것은 타락의 큰 기회를 초래하게 된다."[6] 마찬가지로, 이 운동의 "자연주의적" 측면("아름다운 자연"과 그 자연의 회화적 묘사 편애)도 보들레르의 사상과는 반대된다. 나중에 보겠지만, 그의 사상은 자연 자체의 악덕과 공포를 고발하는 것과 더불어 인간 본성의 탁한 심층부도 경계한다. 그 때문에 1848년부터 시인은 고티에와 그의 친구들에게 거리를 둔다. 《악의 꽃》의 아첨하는 헌사도 《칠보 나전집》 저자에 대한 그의 열의상실을 온전히 가려주지는 못한다. 시인은 그에게서 《에스파냐》나 《죽음의 희극》의 정열적인 저자의 면모를 더 이상 발견하지 못하는 것이다. 고티에가 경직화의 위험이 있는 형식주의로 기우는 바로 그 시기에 보들레르는 감동 없이는 완벽도, "기질" 없이는 기교도 있을 수 없다는 것을 분명히 이해한다. 침침한 눈을 가진 한 사람은 그 사실을 모른 채 고전주의의 마지막 덫에 빠져있고, 또 한 사람은 완전한 명철함으로 현대성의 시대를 여는 것이다.

"현대성"이라고 말하는 것은 보들레르 자신이 저작에서 이렇게 사용하기 때문이다. 현대성이란 자기 통제된 낭만주의, 그 관습과 과도함이 청산된 낭만주의, 그리고 특히 역사의 현재에 깊이 닻을 내린 낭만주의다. 보들레르는 이렇게 쓴다. "나에게 낭만주의란 **미**의 가장 새로운, 가장 현대적인 표현이다." 그러나 그것은 기법과 형식이 갖는 모든 힘을 의식하는 낭만주의이기도 하다. 그 힘들은 정열과 몽상의 냉각장치로 작용하는 것이 아니라 영감의 비약에 도움을 주는 데 쓰인다. 〈1846년 살롱〉에서 이렇게 덧붙인다. "낭만주의를 말하는 것

6 〈이교파〉.

은 현대예술을 말하는 것이다, — 다시 말해, 제반 예술이 갖춘 모든 수단으로 표현된 내면성, 정신성, 색채, 무한에의 동경이다."

심정의 변덕과 형식의 절대 지배 사이에서 제3의 길을 찾는 것, 감동과 언어 중 어느 한쪽에 배타적이고 위험한 내기를 거는 대신 둘 사이의 새로운 관계들을 바라고 생각하는 것, 이러한 것이 바로 보들레르의 현대성이 갖는 총괄적 의미다. 그의 야심은 동세대의 시와 모든 "현대적" 창작자들의 시에 그것을 받아들이게 하는 것이다. 그런데 이러한 작가적 자세의 요구는 19세기 문학사의 논쟁과 분쟁으로부터 분리될 수 없다.《악의 꽃》저자의 경우는, 앞으로 보겠지만 화가, 조각가, 또는 음악가와 같은 동시대 예술가들과 사전에 반복해서 접촉함으로써만 현대성의 전체적인 의미를 갖게 되었다. 이 예술가들의 대조가 강한 작품들이, 생성 도중에 있고 여전히 정복해야 할 현대성의 난제들을 명시하고 있었던 것이다.

2. 현대생활의 화가들 여러 편의 〈살롱〉 같은 흥미진진한 "인물 연구"를 읽다 보면, 보들레르가 회화에 부여하는 중요성이 양적으로나 질적으로 지대하다는 사실에 놀

라게 된다. 그가 그 밖의 예술 표현형식들을 무시한다는 것은 전혀 사실이 아니다. 나중에 보겠지만, 조각은 본질상 그를 당황케 하고, "지루하게 하고", 몰이해로, 게다가 부당한 평가로 이끌어간다. 그러나 음악은 종종 그를 매혹하고 그를 "열광시킨다". 그는 리스트와 그 고양하는 기분을 좋아하고, 베토벤의 거대한 "물결"을 찬양하며, 19세기에 누구보다 먼저 바그너의 천재성과 그 웅장한 "황홀감"을 인정했다. 그러나 그의 지성과 감성은 항상 화가들에게로 향한다. 그 결과, 다른 예술 영역에서 내리는 비평적 판단도 회화적 은유를 써서 진술할 정도다. "위고는 시에서의 *화가*가 되었다", 바그너는 "공간과 깊이를 *그려내는*" 데 빼어나다.

아버지의 직업, 청년기에 가진 1840년대 방랑예술가 모임과의 혜택받은 교우관계, G. 블랭으로 하여금 보들레르는 노래가 항상 목소리의 것이 아니고, 시가 항상 시인의 것이 아니라는 사실을 인정하는 사람들 부류라고 말하게 하는 비평의 절충주의, 이런 것들로는 회화에 대한 이 지속적인 매혹을 설명하기에 충분치 않다. 《악의 꽃》 저자의 재능은 근본적으로 시각적이고, 문자 그대로의 의미로 이 말을 해석하고자 한다면, 환시幻視의 본질을 갖고 있다고 인정하는 편이 더 낫다. 보들레르는 냄새를 맡을 때, 뭔가를 들을 때, 읽을 때, 사물과 정동情動을 응시하고 "마음에 그린다". 음계, 어휘들, 향수 추출물, 이 모든 것이 그에게는 이미지를 보게 해주고 "장면들"을 느끼게 해주는 역할을 하는 동일한 표상 체계의 매개물이다. 그의 눈으로 보면, 회화는 이와 같이, 표상의 가장 명백하고 가장 직접적인 "체험", 의미의 유무가 색채와 선의 유희 속에서 가장 명확하게 감지되는 체험이다. 회화는 또한 그 "표면" 자체로 인하여, 예술가와 관람자의 두 시선 사이의, 그리고 따라서 화폭이라는 유한한 장소 안에서 무한히 "조응"하라고 권유받은 두 주관성 사이의 저 행복한 일치를 가능케 하는 선택된 공간이다.

그래서 고대인이건 "현대인"이건 보들레르는 공유의 장이 되는 작품, 욕망과 감각을 "뒤흔들고", 무의미한 것과 불가시의 것이 지닌 어둠을 환하게 관통하는 작품을 제작하는 화가들을 만나러 간다. 전진하고 있는 현대성을 비추는 지난 시대 "등대들"의 선두에는 다음과 같은 화가들이 있다. '익살스런' 브뤼헐과 그 몽환의 혼돈, "현실성 있는 기괴함"을 창출할 수 있었던 고야, 인공 "사육제" 안에서 자연스러움을 잊게 만든 바토, 또는 안트베르펜의 거장,

루벤스, 망각의 강, 게으름의 정원,
사랑할 수는 없는 싱싱한 살의 베개,

그리고 암스테르담의 거장,

렘브란트, 웅얼거림 가득 찬 서글픈 병원,
장식물이라곤 커다란 십자가 달랑 하나…

동시대인들에 대한 선호와 혐오, 정열은 보다 과격하다. 예술은 안이함도 타협도 용납하지 않고, "에너지"이며 전적인 자기헌신인 모험으로 창작자의 존재를 통째로 끌고 들어간다고 그는 확신한다. 이러한 확신이 있기 때문에 보들레르는 화가의 선택에서 유독 엄격하고 절조 있는 비평을 하게 된다. 예를 들어 1846년부터, 오라스 베르네의 회화는 그가 무엇보다 싫어하는 "자위행위 같은" 작품 특유의 저 가짜 투명성을 체현한다. "내가 이 사람을 미워하는 것은, 그의 그림이 전혀 회화가 아니라 능란하고 빈번한 자위행위이기 때문이다. (…) 예술이 그에게는 명료하고 안이한 것이라서 그렇다."[7] 그에

7 〈1846년 살롱〉, 'XI. 오라스 베르네 씨에 관하여'

못지않게 앵그르의 너무 맑은 작품들도 불신한다. 그의 작품들에서는 "능력들의 여왕인 상상력이 사라져버린" 것이다. 앵그르의 제자이며, "라파엘로적인 미"의 전통에 지나치게 충실한 밀레 역시 〈1859년 살롱〉 필자의 눈에 더 이상의 호의를 유발하지 못한다.

그에 반해 코로는 구성의 간결함, "색채의 소박함 자체"를 갖춘 데다, 관람자의 감각적 기억을 깊은 곳에서 자극하는 풍경화의 더할 나위 없는 효력으로 일찍부터 그를 사로잡는다. 가바르니와 특히 도미에 같은 동시대 풍자화가들의 작품에는 보들레르 자신과 더욱 가까운 것이 있다. '파리 풍경'과 《파리의 우울》 작가가 이 데생 화가들의 일그러진 매력에 어찌 무관심할 수 있겠는가? 찾기도 힘든 "아름다운 자연"을 소심하게 모사하려고 애쓰는 대신, 그들은 보들레르에게 친숙하고, 플로베르가 "서글픈 그로테스크"라고도 부른 "역사의, 진부하고 끔찍한 현실"의 저 일상성을 자기들이 그리는 크로키의 자양으로 삼지 않는가?

전반적으로 보들레르는 특히 크로키, 데생, 판화 종류라면 모두 좋아한다. "회화"보다는 그리는 행위가 덜 부담스러운 이 장르가 예술가의 시선과 실제 작업에 노출되는 현실을 보다 신속하고 때로는 보다 진실하게 포착할 수 있다고 평가하는 것이다. 따라서 미학적 현대성에 관한 연구 중 가장 완전한 글 〈현대생활의 화가〉(1863)가 유화를 다룬 적이 전혀 없는 콩스탕탱 기스(1805-1892)라는 예술가에게 할당되고 헌정된 것은 우연이 아니다. 보들레르는 이 "경이로운 인물"을 1859년에 만난 것이 분명한데 그에게 즉각적이고 지속적인 찬탄을 바쳤다. 데생화가로서의 기스의 작업(담채화, 수채화, 드라이포인트 등, 비평가 보들레르가 '전쟁 연대기', '성대한 예식과 축전', '여자들과 창녀들', '마차'라는 네 가지 테마로 분류한)을 토대로 자신의 현대성 이론의 모든 측면을 명확히 밝힌다. 이 평론 제4장의 유명한 "첫 부분"을 이러한 맥락에서 다시 읽어봐야 한다.

> 이와 같이 그는 가고, 그는 달리고, 그는 찾는다. 무엇을 찾는가? 확실히, 내가 묘사한 바대로의 이 사람, 활달한 상상력을 타고난, 언제나 *인간들의 대사막*을 가로질러 여행하는 이 고독한 자는 단순한 플라뇌르flâneur의 목적보다는 한층 고결한 목적, 상황이 주는 사라지기 쉬운 쾌락과는 다른, 보다 전반적인 목적을 갖고 있다. 그가 찾고 있는 것은, *현대성*이라고 부르는 것이 우리에게 허용될 그 어떤 것이다. 왜냐하면 지금 문제 삼고 있

는 관념을 표현하는 데 있어 이보다 더 나은 낱말이 없기 때문이다. 그에게 문제되는 것은, 역사적인 것 안에 유행이 지닐 수 있는 시적인 것을 유행으로부터 끄집어내는 일, 일시적인 것으로부터 영원한 것을 끌어내는 일이다.

C. 기스의 방식, 좀더 일반적으로는 현대 예술가의 방식이, 여기에서는 의식과 영감이 자아내는 지속적인 역동성의 특징을 띠고 곧바로 자리 잡는다. 창작자가 역설적으로 "인간들의 대사막"을 보게 되는 일상, 그 일상에 대한 끈질긴 탐색과 집요한 판독에 동기를 부여하는 역동성. 1850년 파리의 일상은 부지런히 움직이는 수많은 군중의 일상이기 때문에 대규모 군집이다. 사물과 인간이 공존하는 공간은 관계가 아닌 병치 공간으로, 사람과 물건이 서로 인접하여 뒤섞이면서 헤매는 혼돈스러운 "병렬구조"이기 때문에 "사막"이다.

탐색인, 탐구자인 현대 예술가, 오늘은 선과 색채의 움직임을 구사하는 데생화가, 내일은 언어와 문체의 모든 관계적 힘을 구사하는 시인은 따라서 산재하는 것, 상이한 것, 상반된 것을 그러모을 의무가 있다. 그러나 거기에 의미를 부여하기 위해서는 역사 속에 현재를 앉히고, 전통의 무게와 체험의 덧없음을 "조화"시키는 일도 해야 한다. 보들레르는 이 평론에서 이렇게 덧붙인다. "현대성이란 일시적인 것, 사라지기 쉬운 것, 우발적인 것으로서, 이것이 예술의 절반을 차지하며, 예술의 나머지 반은 영원한 것과 불변의 것으로 되어있다." 이러한 정의가 어떻게 해서 두 개의 난관, 즉 체험된 순간의 직접성에만 집착하는 미학(낭만주의의)과 시대도 없고 역사도 없는 미의 신성불가침한 규범 속으로 도피하는 또 하나의 미학(조형파와 형식주의의)을 극복하려고 애쓰는지 충분히 알게 된다. 진술과 논증이라는 두 가지 능력에 따라 동일한 운동으로 의미를 고정시키거나 "뒤흔들기"도 하는 성질을 가진 언어가, 어떻게 시인에게는 사라지기 쉬운 것과 "영원한" 것에 필수적인 이 "결합"의 가장 적합한 도구일 수 있는지도 엿보게 된다. 그러나 보들레르의 성찰과 실천을 예단하지 말자. 또 한 사람의 "현대생활의 영웅"인 들라크루아의 작품을 반복적으로 주시하고 분석함으로써, 보들레르는 기억과 상상력이라는 이 험난한 탐구의 두 갈래 대로를 드러낼 수 있었을 것이다.

3. 들라크루아, "완전한 화가이자 완전한 인간" 클로드 피슈아

아의 말에 의하면 "들라크루아의 차가운 예의"로 대접 받는데도 불구하고, 보들레르는 〈알제의 여인들〉과 〈키오스 섬의 학살〉의 화가에게 평생 끝없는 찬탄을 품었다. 다른 어떠한 예술가에게서보다 이 화가에게서 그는 낭만주의에서 나온 저 현대성을 인정했던 것이다. 〈1846년 살롱〉에서는 들라크루아와 위고의 긴 비교로써 이 현대성을 훌륭하게 풀어낸다.

> 빅토르 위고 씨의 고귀함과 위엄을 내가 폄하하려는 것이 결코 아니지만, 그는 창의적이기보다는 매우 솜씨 좋은 직인이며, 창작자라기보다는 훨씬 정확한 일꾼이다. 들라크루아는 때로 서투르지만 본질적으로 창조가다. 빅토르 위고 씨는, 서정적이고도 극적인 그의 모든 화면에서 열거와 일률적 대조 체계를 드러낸다. 기괴함 자체가 그에게서는 대칭의 형태를 취한다. 그는 각운의 모든 음조, 대조법의 모든 원천, 동격법의 모든 속임수를 온전히 소유하고 있고 그것을 냉정하게 사용한다. 데카당스 또는 과도기의 문장가인 그는 참으로 놀랍고 진기한 능란함을 가지고 자신의 도구들을 이용한다. (…)
>
> 들라크루아 (…) 그의 작품들은, 반대로, 시이며, 그것도 소박하게 착상되어 천재적 인간에게 익숙한 무례함

으로 제작된 위대한 시다. — 위고의 시에서는, 추측해야 할 것이 전혀 없다. 그는 자기의 솜씨를 보여주는 일이 기쁜 나머지, 풀잎 하나 반사된 가로등 불빛 한 점 생략하는 법이 없기 때문이다. — 들라크루아는 자신의 시 안에서 더할 나위 없이 분방한 상상력에 깊숙한 통로들을 열어준다. — 전자는 그 어떤 평온함, 좀더 명확히 말하자면, 방관자 같은 어떤 유의 자기중심주의를 즐기는데, 그것 때문에 그의 시 전체 위에 뭔지 모를 냉정함과 온건함이 떠놀고, — 후자로 말하자면, 끈질긴 담즙질의 정열이 기법에 관계된 갖가지 인내와 온 힘을 다해 싸우는 만큼, 언제나 그 성일을 유지할 수는 없다. — 전자는 디테일부터 시작하고, 후자는 주제에 대한 내면적 이해에서 시작한다. 그 결과 전자는 주제의 표피만 취하고, 후자는 그것의 창자를 뽑아낸다. 너무나 물질적이고 너무나 자연의 표면에 주의를 기울이는 빅토르 위고 씨는 시에서의 화가가 되었다. 들라크루아는 항상 자신의 이상을 존중하여, 자주, 자기도 모르는 사이에 회화에서의 시인이 된다.

"회화에서의 시인", 분명히 들라크루아는 우선 현실로 하여금 말하게 하는 능력, 예술가와 관람자의 기억에 머물러 있는 은밀한 말을 현실에서 캐내는 능력 때문에 그러하다. 들라크루아에게 있어서 예술은 "미의 기억술"이고, "그의 회화는 무엇보다 기억에서 나오고, 무엇보다 기억에 말을 건다"고 보들레르는 쓴다. 들라크루아에 그치지 않고, 〈살롱〉의 저자는 현대 예술작품의 본질, 즉 감정의 기억을 표현하고 건드리는 것을 종종 화제 삼는다. 그는 콩스탕탱 기스에게서 "기억술", 코로의 풍경화들이 충족시키는 "기억이 필요로 하는 것", 외젠 부댕의 파스텔 습작에서 보이는 "마음껏 소환된 시적 인상", 또는 바그너의 〈탄호이저〉를 듣고 "기억나는 온몸"에 대하여 말하게 된다.

그러나 위고와의 비교에서 가장 멋진 은유 하나를 빌려 말하면, 들라크루아와 그 밖의 "현대생활의 화가들"에게, 기억은 "더할 나위 없이 분방한 상상력에 깊숙한 통로들을 열어"줄 따름이다. 상상력, 그것이 바로 미학적 현대성의 진원지이고, 보는 것, 말하는 것, "보여주는 것"의 중심을 이루는 능력이다. 들라크루아의 으뜸가는 이 특질을 강조하는 보들레르는 들라크루아가 관심을 갖고 있던 이론에 동조했을 뿐이다. 화가는《일기》에 이렇게 쓴다.

상상력. 그것이 예술가의 으뜸가는 특질이다. 상상력은 예술애호가에게도 당연히 필요하다… 상상력 없는 사람이 그림을 구매한다는 것은 생각할 수도 없다. (…) 예술가에게 상상력은 그 어떤 물체들을 표현하는 것뿐 아니라, 자신이 얻고자 하는 목적을 위해 그것들을 배합하기도 한다. 상상력이란, 예술가가 마음대로 구성하는 이미지들로써 그림을 만드는 능력이다. 그렇다면 이 구성력을 줄 수 있는 후천적 경험은 어디에 있는 것인가?

보들레르는 들라크루아와 동시대인들 앞에서 이 마지막 질문을 끊임없이 자신의 문제로 삼았다. 당연히 그에게는 상상력이 단순히 "이미지화"나 "기억화"일 수는 없다. 바로 이런 이유로 그는 "자연처럼 거칠고 명확한" 조각의 "복제품"을 너무 예속적이라고 판단하여 좋아하지 않고 잘못 이해하는 것이며, 나다르에게 느끼는 이끌림과 우정에도 불구하고 사진을 불신한다. 〈1859년 살롱〉에서는, 사진은 기록을 위한 단순한 산업기술 수준으로 예술을 격하시킬 위험이 있다고 말하게 된다, 사진과 접촉함으로써 "나날이 예술은 자부심을 저하시키고, 외적 현실 앞에 굽실거리며, 화가는 갈수록 자기가 꿈꾸는 것이 아니라 눈에 보이는 것을 그리는 경향이 있다"고 그는 쓴다. 자연을 복제하거나 모방하는 대신, 들라크루아, 그는 "확실하고 깊은 눈길로 자연이라는 방대한 사전을 한 장 한 장 뒤적이고 열람한다." 들라크루아 자신의 글에 의하면 "하나의 구성을 상상하는 것은 알고 있는 것, 본 것을 예술가의 내면 자체에, 예술가의 영혼에 지니고 있는 다른 요소들과 결합시키는 것이다."

이제 우리는 현대성을 혁명으로 삼기도 하는 것에 바짝 다가왔다. 상상력의 이름으로, 현실이 갖는 진실성, 즉 "실제적인" 또는 플라톤적 전형인 "이데아의" 진실성으로부터, 보여주거나 말함으로써 현실을 창조하는 자아의 진실성으로 우위가 이동하는 것이다. 여기에서도 고전적 묘사의 체계 전체, 선험적으로 주어진 현실의 모사는 직관과 암시의 미학에 밀려난다. 들라크루아는 "암시가 풍부한" 화가라고 보들레르는 덧붙인다. "그가 표현하는 것은 보이지 않는 것, 만질 수 없는 것이다. 이것은 꿈이고, 이것은 신경이고, 이것은 영혼이다."[8] 달리 말하면, 장 라코스트가 《예술의 철학》에서 단언하는 것처럼, "들라크루아 이후로, 참된 주제는 바로 화가 자신과 화가의 마음의 움직임이다."

그렇다고 해서 보들레르가 낭만주의자들 가운데 가장 위대한 인물로 여겨 경의를 표하는 이 예술가가 자기 자아의 환기에만 빠져 만족해한다는 것을 의미하지는 않는다. 들라크루아는 새로운 주제의 선택과 대담한 색채 사용에 의해 고전주의 규범과 단절하고, 반대로 화폭의 공간을 상상세계로 열어놓는다. 인간과 사물의 세계를 부정함이 없이, 그 세계에 보내는 시선의 행위 자체 안에서 그것을 다시 빚어내는 것이다. 보들레르에게나 또 한 사람의 현대성 선도자인 에드거 포에게나 상상력의 이름에 어울리는 것은 바로 이 시선이다. 이것은 멋대로 지어낸 허구의 "공상"이 아니라, "창조적 상상력", 현실의 소재들을 해체하여 작품의 "내적 풍경"의 이색적이고 적절한 명백함 속에서 재구성하는 조합의 상상력이다. 보들레르에게 "미는 항상 기묘하다"는 것도, 그가 들라크루아의 "희귀한" 색채대비, 만국박람회의 "중국취미", 무대장치의 "허구"를 그 정도로 평가하는 것도, 미를 고도로 "시적인" 상상력에 추동된 진실한 것에 대한 완강하고 적극적인 이의신청으로만 보기 때문이다.

4. "현대생활의 영웅성" 현대성의 비평이론에서 모든 차원에서 상상력에 부여된 우위, 시적 상상세계의 새롭지

8 〈외젠 들라크루아의 작품과 생애〉

만 엄격한 "사용법"은 보들레르에게도 그 즐거움과 불편함은 물론, 구속 또한 요구하는 하나의 "생활양식"을 초래한다. 〈살롱〉의 저자는 곳곳에서, 회화를 논평하거나 문학을 논평하는 틈틈이, "현대생활의 영웅성"이라는 표현으로 이것을 거론한다.

"현대생활의 서사적 측면은 어떠한 것일까?" 이것이 바로 1846년부터, 우발적인 것 안에서 본질적인 것을, 일상 안에서 미를 포착하는 일에 자신의 재능을 사용하기로 결심한 인간이자 예술가에게 부과되는 중대한 문제다. 레몽 장처럼, "현대성이란 역사적으로 위치한 세계와 사회를 미적으로 인식하는 것"으로 받아들이든, 앙리 르메트르처럼 "시의 근원을 일상의 가장 직접적인 존재 속에 갇힌 초자연성 안에 위치시키는 저 감정"으로 받아들이든, 우리는 항상 보들레르의 근본적인 질문으로 돌아온다. 즉, 이 현대성을 어떻게 영위하고, 보고, "상상할" 것인가? 어떻게 현대성의 "영웅"이 되고 그 "전조"가 될 것인가? 하는 질문으로.

바로 〈현대생활의 영웅성에 관하여〉라는 제목의 〈1846년 살롱〉 마지막 장에서 보들레르는 발자크와 그의 소설 작품에 힘주어 찬사를 보냄으로써 간접적으로 이에 답했다. 현대의 영웅은 절대의 초월성을 거부하고,

창작자로서 자신의 피조물들과 함께, "다양성"과 "개별성" 안에 잠기고, 평범함과 통속성 안에서 "특이한 것"을 끄집어내어 자신의 것으로 만드는 사람이다. 《파리 생활 정경》의 저자("귀하가 귀하의 태내에서 끌어낸 모든 인물 중에서도 가장 영웅적이고, 가장 특이하고, 가장 낭만적이고, 가장 시적인 그대!")는 현실의 심층부에서 그 어둡고 웅대한 진실의 형상들을 끌어내는 일을 천직으로 삼는 영웅성의 개척자로서 높이 평가받는 것이다. 자신이 바치는 오마주에 서명하면서 보들레르는 《파치노 카네》 내레이터의 유명한 발언을 떠올렸을까. "귀하는 이 고통의 도시 안에 얼마나 많은 극적인 일들이 묻혀있는지 상상도 못할 것입니다! 무섭고 아름다운 것들이 얼마나 많은지! 우연이 낳은 걸작인 이 놀라운 비극적이거나 희극적인 장면들을 찾아내는 데 있어서 (…) 상상력은 그 안에 숨어있는 진실에 결코 도달하지 못할 것입니다." 《인간극》에 대하여 보들레르가 열광적으로 묘사하는 표현방식 자체를 재독해 봐야 어쨌거나 그걸 알 수 있다. "파리의 생활은 시적이고 경이로운 주제들을 풍부하게 배출한다. 경이로운 것이 대기처럼 우리를 에워싸고 우리를 적신다. 우리가 그것을 보지 못할 뿐이다. (…) 《일리아드》의 영웅들도 그대의 발목까지밖에는 미치지 못하기 때문이다, 오 보트랭, 오 라스티냐크, 오 비로토…"

알다시피 발자크는 시사성의 유혹과 "동시대성"의 진부함에 현대성의 도전을 대결케 함으로써 영웅성에 도달한다. 그의 작중인물들도 영웅이다. 그들은 역사와 세계에서 태어나, 소설가가 부여하는 시선과 포즈 안에서 역사와 세계를 측정하고, 그곳으로부터 거리를 두는 것 같은 태도를 취하기 때문이다. 소설가 발자크는 비평가 보들레르가 볼 때, 영웅성은 이제부터 집단, 당파, 양식들로부터 벗어나, "사적인" 것밖에 있을 수 없다는 증거를 실제로 제시한다. 그것은 케케묵은 전통으로부터도 번드르르한 유토피아로부터도 벗어나 있다. 〈1855년의 만국박람회〉의 필자는 이렇게 쓴다. "진보의 관념, 엄청난 몰상식, 경악할 지경에 이르는 그로테스크!" 경계심 많고 "거리를 둔" 이러한 고독의 태도는, 더 잘 보기 위함이고 온전한 "독특함" 속에서 창조하기 위함인데, 이 태도가 일상생활의 차원으로 환원되면 당디슴이라는 이름을 갖는다.

보들레르는 조지 브라멜, 샤토브리앙, 퀴스틴, 그 밖의 19세기의 "기품 있는" 다른 몇몇 인물에 관하여 계획한 대연구를 성공적으로 수행하지 못했지만, 현대성 미학 이론의 "세속적" 이면인 당디슴 철학을 훌륭하게 표명한 것은 사실이다. 〈1855년의 만국박람회〉에서도 여전히 그는 예술 자체에 대응하는 이 생활예술을 몇 가지 간결한 표현으로 요약했다. "예술가는 자기 자신에게만 의존한다. 다가올 세기들에 대해서 자신의 작품들만 약속한다. 그가 보증하는 것은 그 자신뿐이다. 그는 자식을 낳지 않고 죽는다. 그는 '자신의 왕', '자신의 사제'이며 '자신의 신'이었다." 왕, 사제, 신. 스스로 받아들인 존재의 고독 속에서 신비학에 다름 아닌 영웅성을 고안하고 창출하는 당디, 단독적이지만 우주창조의 지상권을 누리는 당디의 세 가지 자격요건이다. 로제 켐프가 훌륭한 논문 〈당디들—보들레르와 그 친구들〉에서 아주 잘 지적했듯이, "이 신비학은 말하자면 죽음의 예행연습이다. 영웅적이게도 당디는 시대의 행진에 하찮은 몸짓으로만, 표징들로만 대적하며, 자신이 죽음을 선고받았음을 알고 있다. 바르베 도르비이는 편지를 봉인할 때 *너무 늦었다*Too late라는 소인을 사용한다."

파리의 방황부터 "**미지의 것** 깊숙이에서 *새로운 것*을 찾기 위한" 마지막 시 〈여행〉까지, 《악의 꽃》의 도정을 따라, 샤를 보들레르는 현대성에 이르는 기묘한 도정에서 마주치게 될 저 영웅적 탐색의 시련으로 우리를 초대한다.

제3장 《악의 꽃》의 도정

1. 의미와 건축 《악의 꽃》을 펼치는 것은, 이 책의 창작자이자 점유자가 면밀하게 측정하고, 경계를 표시하고, 표지를 설치한 시적 공간 속으로 들어가는 일이다. 보들레르가 편지에서 여러 번 반복하여 표명하고 있듯이, 자기 노래의 소재가 원래 풍성하고 산만하기는 해도, 거기에 의미와 질서를 부여하는 일에 강박관념을 갖고 있었다. 당연히 그는 이렇게 쓴다. "이 끔찍한 책 속에 나의 온 마음, 온전한 애정, (위장된) 나의 신앙 전체, 증오 전부를 담았습니다…"[9] 그러나 정확히 말하면, "벌거벗은 마음"을 이렇게 시의 형태로 드러낸 것 속에서, 작가는 실생활이 "무모한" 돌발사의 연속으로밖에 보이지 않는 드라마를, 즉 황홀, 상처 또는 희망을 파악하고 질서를 세우려는 자신의 의지를 독자인 우리가 식별하고 확인했으면 하는 바람을 갖기도 한다. 1861년에 보들레르가

알프레드 드 비니(시의 구조화 달인)에게 보낸 유명한 편지가 이 오래된 핵심적 관심사를 명확히 요약하고 있다. "제가 이 책에 대하여 간절히 원하는 유일한 칭찬은 이것이 단순한 시 선집이 아니고 시작과 끝을 가진 것임을 인정받는 일입니다."[10]

일어난 사건과 감정에 관한 연보, 진실하기보다는 종종 가짜 연보(예를 들어 위고의 《관조시집》에서 보이는 날짜의 속임수를 떠올려보라) 원칙에 따라 구성된 낭만주의식 "시 선집"에 반대하여, 보들레르는 따라서 총괄적으로 구성된 *전체*로서 그리고 발견하고 답파해야 할 도정으로서의 "책" 개념을 요구하는 것이다. 1857년 여름에 경범재판소에서 소송이 있을 때, 시인의 변호사 셰 데스탕주는, 《악의 꽃》의 이러저러한 시구, 이런저런 작품의 "부도덕성"을 고발하는 피나르 검사의 기소에 맞서, 시집의 의미 전체를 자신의 논거로 삼아 열변으로 이렇게 변호했다. "거듭 말하는 바이지만, 한 권의 책은 그 전체로서 판단되어야 합니다. 신성모독 한 번에는 하늘을 향한 수많은 앙양이, 외설 하나에는 플라토닉한 꽃들이 있다

9 1866년 2월 18일 브뤼셀에서 앙셀에게 보낸 편지.

10 1861년 12월 16일 무렵의 편지.

고 반박하겠습니다. 시의 시작부터, 모든 시집이 이렇게 만들어졌습니다. *악 속에서 동요하는 정신*을 표현하기 위한 책[11]을 이와 달리 만들기는 불가능했습니다." 그런데 더 흥미로운 것은 보들레르가 자신의 "책"을 "시작과 끝"을 상정한 도정으로 제시한다는 사실이다. 시인이 오랫동안 자신의 시를 따로따로 발표하기를 거부한 것이 그 시들을 한눈에 조망할 수 있도록 한 결정적인 역할과, 이 시들을 서로 연관시키는 하나의 시 체계 안에서 편성하려는 한결같은 자신의 의도를 충분히 입증한다. 나중에 보겠지만, 이러한 시 체계에서는 명확함보다는 "오용"과 미끄러짐에 의해서, 단언보다는 하나의 텍스트와 다른 텍스트와의 대화, 하나의 시 "사이클"과 다른 사이클과의 대화에 의해서 의미가 주어진다.

바르베 도르비이는 자신이 말하는 "은밀한 건축"이 이렇게 《악의 꽃》에서 하는 중심적인 역할을 처음으로 간파한 예리한 독자였다. 건축, 이 말이 너무 심한 것은 아니다. 왜냐하면 1857년 초판부터 이 시집은 연속된 부분들로 너무나 명백하게 구성되고 또 해체되기 때문이다. 그리고 이 부분들은 독자가 들어가도록 권유받는 동일한 시적 건조물의, 서로 구분되어 있지만 연대하는 복수의 "장소"처럼 보이기 때문이다. "단죄 시편"의 강요된 삭제도, 차후의 증보, 특히 1861년판에 보이는 35편의 중요한 추가도, 원래의 "구상"을 뒤흔들지는 못할 것이다. 시집의 사후판 역시, 126편의 시를 가지고 저자가 원했던 이 구상을 면밀하게 준수한다.

하지만 바르베가 "은밀한"이라는 술어로써 바로잡는 데 유의했던 건축의 개념이 유발할 수도 있는 부적절한 함의를 조심하자. 《악의 꽃》 안에 건축이 있는 것은 분명하지만, 이것은 의미가 불가역적인 시의 순간들의 연속으로 주어진다는 것도 아니고, 시집의 "토지대장"에서 위치를 탐지할 수 있는 상징적 장소들의 집적으로 "고정되어" 있다는 것도 전혀 아니다. 레오 베르사니는 〈보들레르와 프로이트〉에 관한 그의 평론에서 우리에게 경고하면서, "건축적 질서"라는 표현은 보들레르의 욕망과 환상이 방황함에 따라 언제나 "달아나는" 의미를 결정結晶시키는 "움직이는 부분들의 총체"로서 해석될 때에 한해서만 받아들이라고 분명히 말한다. 작품을 "정체적"이고 단순화시켜 읽는 유혹에 굴하지 않기 위

11 시집의 제목이 《악의 꽃》으로 결정되는 과정에서, 1848년 11월부터 1851년 4월까지 '지옥의 변경Les Limbes'이라는 제목으로 시집을 예고할 때, "현대의 젊은이 특유의 정신적 동요의 역사"를 표현하는 시집이라는 설명이 있었다.

해 우리로서는, 건축이라는 말보다 "도정"이라는 말을 선호한다. 이 말이 갖는 "역동적" 함의가 책 한 권의 생성과정을 주도하는 "산책"과 특히 여행의 개념에 더욱 부합한다. 이제 이 책의 여섯 가지 주요 "여정"을 간단히 서술하는 것이 좋겠다.

2. 흑백여행의 여정 〈독자에게〉라는 제목의 긴 시가 《악의 꽃》을 연다. 이 시는 서문, 보다 정확히는 "통지" 역할을 한다. 4행시에서 4행시로 교묘하게 강도를 높여가는 극적인 텍스트는 내밀한 이야기와 거침없이 말을 걸어오는 부분에서 절정에 달한다. 우리의 온갖 악덕 가운데 **권태**가 가장 악독하다. 독자 놀이를 하면서, 독자는 권태의 "극악무도한" 옥좌에서 빠져나가지 못할 것이다.

> 그것은 바로 **권태** — 눈에는 본의 아닌 눈물 글썽이고,
> 물 담배 연기 피우면서 교수대를 꿈꾼다.
> 그대도 알고 있지 독자여, 이 까다로운 괴물을,
> — 위선적인 독자여, — 나의 동포, — 나의 형제여!

"통지받은" 데다, 이러한 종류의 동료관계에 연루되기도 한 우리는 이제부터 시 여행의 단계들을 따라갈 수

있다. 그 도정은, 6부에 걸쳐, 때로는 "십자가의 길"의 암울한 고통을, 때로는 "다마스쿠스로 가는 길"의 빛나는 계시를 하나씩 보여준다.

1) **우울과 이상**(시 I부터 LXXXV까지) 보들레르는 여기에서 잃어버린 이상과 순수에 대한 갈망과, 고통스러운 일상에의 매몰 사이에서 분열된 자기 존재의 이중적 청원을 끈질기고도 잔혹하게 묘사한다. 그는 이 고통스러운 일상을 "권태", "불운", "슬픔"이라고, 한마디로 "우울 spleen"이라고 부른다. 그의 육체적 정신적 고통이 갖는 다원성을 표현하는 임무를 맡고 있는 것이 바로 이 영어 단어이기 때문이다.

2) **파리 풍경**(시 LXXXVI부터 CIII까지) 도시, "꿈으로 가득 찬 혼잡한 도시"가 창작자에게 부과하는 역할은 도시의 추함과 악을 비춰내는 다중 거울임과 동시에, 자신의 상실이 자신의 재발견이 되기도 하는 마술적 장소의 신기루다.

3) **포도주**(시 CIV부터 CVIII까지) 육체에 관한 강한 유혹의 첫 케이스. 넝마주이와 살인자들의 싸구려 와인이자, 바람둥이 여자들과 연인들의 감로주인 포도주는 잃어버린 "낙원"을 향한 해방과 이탈의 기만적인 꿈들을 새겨낸다.

4) **악의 꽃**(시 CIX부터 CXVII까지) 육체의 악덕과 "죄"에 관한 또 하나의 시 모음. 여기에서는 "지옥에 떨어진 여자들"이 베아트리체와 비너스들과 하나가 되어 "(자신의) 마음과 (자신의) 몸을 거부감 없이 바라볼" 만큼의 용기도 없는 자의 절망을 야기한다.

5) **반항**(시 CXVIII부터 CXX까지) 모든 유혹에서 벗어나고, 좌절된 온갖 시도에 낙담한 인간이 정신을 저주하고 영혼을 부정하는 일에 몰두한다. 욕설, 신성모독, 낙오와 실추의 표상인 저 또 하나의 위대한 존재, 즉 "유적의 왕자王者"이며 "운명에 배신당한 신"인 **사탄**에게 바치는 기원과 연도連禱로 채워져 있다.

6) **죽음**(시 CXXI부터 CXXVI까지) 마지막 내기, 그러나 어쩌면 "가난뱅이", "연인", "예술가"가 마지막 "**여행**"의 기적에 화해와 구원의 희망을 기탁하는 궁극의 유혹이며 지고의 책략일지도.

이 도정이 지나칠 정도로 선명하게 직선적이라 해도 그 모호함을 감출 수는 없을 것이다. 6부로, 게다가 양적으로 매우 불균등하게 나뉘어있는데도, 이 책은 근본적으로 3박자의 리듬에 기초해 있다. 첫 박자는 '우울과 이상' 시들의 푸짐한 "총합"으로 형성되어 있다. 어떤 감성의 변덕과 지성 또는 영혼의 요구 사이에서 항상 동요하면서 불안정하기 때문에, 견디기 어려운 상태에 대하여 길고 상세하게 기록하는 부분이다. 두 번째는, 2부에서 5부까지 해당되고, 가장 천진한 것부터 가장 사악한 것까지 모든 "인공낙원"을 아우른다. 이 낙원들은, 항상 잃어버리고 항상 빼앗겨서, 진짜 **낙원**의 "유지"를 보장할 수 없을 만큼 절망한 존재가 생각해 내는 세계다. 그리고 세 번째는 이 책의 제6부이며 마지막 부분 '죽음'에 있다. 여기에서는 창작자가 세상으로부터의 불확실한 이탈의 대가로 "미지의 것"과 "새로운 것" 속에서 자신의 비탄을 누르고 획득한 부서지기 쉬운 평온을 노래한다. 그때는《악의 꽃》을 변증법적으로 읽어보려는 새로운 유혹이 생길 것이다. 하지만, 오랜 시련을 에워싸는 "시작"과 "끝"이 존재함에도 불구하고, 이 작품만큼 변증법적이지 않은 것도 없다. 숙명적인 이원성은, 보들레르의 드라마 전체를 만들고, 그가 바그너의 〈탄호이저〉에서도 확인한 "인간의 마음을 주요 전장으로 선택한 두 가지 원리, 즉 정신과 육체, 하늘과 지옥, 신과 악마의 투쟁"으로서 존재한다. 이 이원성은 생활의 술책들로는 해소되지 못하고, 무덤 저편의 신비에 의해서 초월되는 것도 아니다. 이 책 제1부의 이원론적 체계화에도 불구하고, 이어지는 두 개 부분은 결정적인 위반도 해법도 제시하지 않는다. 후고 프리드리히는《현대시의 구조》에서 적절하게도 보들레르 시의 근본적인 이 측면을 강조하면서, 그는 보들레르의 시가 "악마의 악과 공허한 관념성 사이에서 해소되지 않는 긴장의 역학"에 그친다고 말한다. 그렇다면 이렇게 덧붙이자. 그의 시는 이 긴장과 이 "우유부단"을 먹고 산다, 이 긴장과 우유부단은 이런저런 시의 내부에서뿐 아니라 작품 전체에서도 느껴진다, 그리고 작품 전체는 갇힌 채로, 자신을 갉아먹는 동시에 살찌우는 것 쪽을 향해 웅크리고 있는 것만 같다고. 시집의 테마와 "환상의" 대그물망을 체계적으로 연구하면 우리는 이 확신을 확고히 하게 될 것이다.

3. 반자연의 시 "질퍽한 이 큰 물결, 이것은 그저 저속함이다. (…) 우리 내면에 있는 자연은 비범함과 세련됨의 반대, 모든 사람이다. (…) 보들레르는 자연이 아니기를, 자신의 자연스러움을 끊임없이 경직시키고 거부하기를 선택했다." 사르트르는《악의 꽃》을 테마비평 대상으로 삼을 때 원점, 즉 자연과 자연스러움에 대한 집요한 증오를 처음으로 밝혀내는 비판적 독자의 한 사람이었다. 이 철학자는 거기에서 나아가 조르주 블랭의 훌륭한 분석을 연장하여, 보들레르가 이 자연 앞에서 느낀

"공포"와, 자연 대신 그 해독제이기도 한 반反세계를 시안에 놓으려고 한 그의 의지에 관하여 이야기했다. "보들레르는 광휘와 풍요의 저장고로서의 자연을 두려워하여 그것을 그의 상상력이 만들어낸 세계로 대체한다. 그 세계란 금속성의, 다시 말해 차갑게 빛나는 불모의 우주다." 보들레르 여성상에 관하여 말하게 될 때, 그런 "두려움"이 보들레르의 성본능과 에로틱한 환상에 기인한다는 것을 알게 될 것이다(그에게 자연은 본질이 여성적이고 여자는 본질이 자연적인 것, 따라서 "가증스러운" 것이므로…). 일관된 이 태도는 때로는 고발 때로는 도전의 형태를 취하여, 시인을, 주하고 악의에 친, 악랄하고 타락한 자연에 거역하게 만든다.

보들레르는 이로써 미학사의 위대한 전통과 이중으로 충돌한다. 하나는 계몽주의의 "선한 자연"에 대한 철학 담론과의 충돌, 또 하나는 현격하게 상이한 방침과 이념들을 갖고 있으면서도 자연을 체계의 중심 테마로 삼는 점에서는 공통되는 19세기의 수많은 사상 조류, 특히 "예술을 위한 예술", 사실주의, 자연주의와의 충돌이다. 이 전통 전체를 시인은 고집스럽게 거부한다. "있는 그대로의 것은 전혀 나를 만족시키지 못하기 때문에 그것의 묘사는 무익하고 진저리나는 일이라고 생각한다."[12] 라마르틴이나 뮈세 같은 사람의 절친한 친구 혹은 공모자, 변덕스러운 위안자인 선하고 아름다운 자연이 보들레르에게서는 끝난 것이고, 대삼림의 매력 앞에 선 고독한 산책자의 감동, 경탄한 여행객들의 황홀이 끝난 것이다. 르콩트 드 릴 같은 "그림"을 전시하는 화려한 화랑들은 뒤죽박죽되었고, 방빌이나 고티에 같은 완벽한 보석들을 진열하는 쇼윈도는 깨져버렸다. 어느 누구나 "진보"의 동의어라고 생각하고 싶어 할 현실의 활력과 지식의 약속도 거부되었다.

그렇다고 해서 이러한 혐오가, 자연이 《악의 꽃》에 존재하지 않는다는 것을 의미하지는 않는다. 반대로, 보들레르는 자신의 시에서 때로는 음산할 정도로 면밀하게 파멸하고 있는 자연의 목록을 끊임없이 작성하여, 우아하거나 은총을 입은 자연의 유토피아에 대치시킨다. 의심쩍은 골목길, 때투성이 장식, 생기 없거나 죽어가는 인간, 더러운 대기 등, 시인은 자신의 시적인 "발라드" 안에서 그와 함께 있는 "미녀"에게 하듯이, "부패한" 자연의 이미지들을 우리의 면전에 던진다. 이 부패한 자연은 결국 〈썩은 시체〉에 다름 아니다.

기억나는지, 내 사랑, 그토록 다사롭고 맑은 여름날 아침,

우리가 본 것이.
오솔길 모퉁이, 흩어져 깔린 자갈을 침대 삼아 누운
불결한 짐승시체.

음란한 계집처럼, 허공에 다리 벌리고,
불타는 듯 독즙을 흘리며,
나른하고 파렴치하게 열어젖히고 있었다
악취 진동하는 배때기를.

태양은 이 썩은 살 위로 쏟아지고 있었다,
알맞게 굽기나 하려는 듯이,
위대한 **자연**이 한 덩이로 만든 것을 몽땅
백배로 돌려주려는 듯이.

— XXIX

인간 속의 자연, 즉 본성도 자연에 엄습하는 황폐함을 면할 수 없는 것은 분명하다. 더 나쁘다. 그때까지 비통하거나 징그러운 광경으로 묘사되었던 것이 여기에서는 견디기 어려운 육체적 정신적 시련이 된다. 시인

12 〈1859년 살롱〉, 'Ⅲ. 능력들의 여왕'.

은, "우리는 모두 목을 맸거나 목을 맬 사람들이다"[13]라고 시집의 서문 초고에 쓴다. 그는 인간의 조건에 만연하는 치유 불가능한 타락을 확인하는 것이다. 추함이 세계의 중심에 있듯이 악은 인간의 중심에 있다. 욕망, 정열, 감정, 이 모든 것이 보들레르에게 "죄"라고 불리는 자연스럽고 원초적인 나병에 똑같이 부식된다. 그는 이렇게 말한다. "그리하여, 자연 전체가 원죄의 성질을 띤다."[14] 후에 베를렌은 선하게 또 악하게 사는 것을 "병행하여" 행하는 시도로써 이 숙명으로부터 도망치거나 그것을 감수했다. 그러나 《악의 꽃》의 저자는 그것을 통째로 떠맡아, "즐거워하면서", 자신의 죽어가는 존재 전체의 부패상을 큰 소리로 폭로하기조차 한다.

> 오 구더기여! 귀도 눈도 없는 음험한 친구들이여,
> 자유롭고 유쾌한 주검 하나 와서 보게나.
> 도락가 철학자들이여, 부패의 자손들이여,
> 자, 나의 잔해 속을 통과하여 후회 없이 가게나,
> 그리고 말해주게, 넋도 없는 이 늙은 육신,
> 주검들 사이의 주검에게도, 아직 얼마간 형벌이 남아있
> [는지!
>
> —〈유쾌한 주검〉, LXXII

시적 영감, 자기 존재의 혼탁한 심층부에서 오는 이러한 종류의 "자연스러운 기분"조차 보들레르의 용서를 즉석에서 받을 수는 없으리라. 이 시적 영감이 **못된 어머니 자연**의 늙은 악마들을 추방하는 수단을 제공하려면, 시의 거울 속에서 양식과 기법의 온갖 책략으로 이 영감을 "정돈"하고 "분장"해야 할 것이다.

4. 이중인간: '우울' 이 늙은 악마들의 우두머리인 사탄에 관하여 보들레르는 우리에게 이미 〈독자에게〉에서 그 유해한 기도를 말해주었다.

악의 머리맡에 있는 건 **사탄 트리스메지스트**
마법에 걸린 우리 정신을 오래오래 어르는 자,
그러면 우리 의지의 값진 금속은
이 박식한 화학자에 의해 몽땅 기화된다.

"기화된 의지", 동일한 은유가 기묘한 일치에 의해 〈벌거벗은 내 마음〉 단장들의 "첫 문장"에서 다시 나오

13 《악의 꽃》을 위한 〈서문〉 초고 I.
14 1856년 1월 21일 알퐁스 투스넬에게 보낸 편지.

게 된다. "***자아***의 증발과 집중에 관하여. 모든 것이 거기 있다." 보들레르의 진짜 불행은 충분히 자기 자신이 아닌 것에 있고, 레오 베르사니의 말에 의하면, "여기저기 표류하다 되는 대로 주워 모은 이미지들 속에서 부유하는 것 같은 자아"의 악랄한 증발을 감수하는 데 있다. 자기의 자아를 회복하고 자기 존재를 되찾는 일은, 증발과 표류를 야기하고 양육하는 힘들을 확인하고 체계화하는 시련을 결국 통과하게 될 것이다. 보들레르의 내성에 이원성이 있다고 하면, 그것은 인간성을 무의미하고 참을 수 없는 지경까지 찢어놓는 상반된 청원에 "대결" 체계가 이름을 부여하고 그것들을 대조시킴으로써 "전향" 기회를 제공하기 때문이다. 〈벌거벗은 내 마음〉에서 그는 이렇게도 쓴다. "모든 인간에게는, 어느 때나, 동시에 일어나는 두 개의 청원이 있다. 신을 향한 청원과 사탄을 향한 청원이. 신에 대한 기원, 혹은 정신성은 상승의 욕구다. 사탄에 대한 기원, 혹은 동물성은 하강의 기쁨이다."

보들레르는 자기 존재의 "회복"이라는 시적 체험을 수행하기 위해, 이러한 과격하고 체계적인 위장 진단을 필요로 한다. 증발이 이원성으로 환원되고, 2항 대립으로 단순화할 수 있으면, 회복은 분명 가능하다. 적어도,

"이중인간"의 두 가지 모습 각각이 충분히 "느슨"해서, 악 또는 선의 일정한 총량으로 환원될 수 없는 천성적 불안 상태의 모든 가능성, 모든 변이성을 받아들일 정도가 된다면. 《악의 꽃》 제1부의 제목, 상반되지만 "공허한" 개념을 짝지은 "우울과 이상"은 이 체계화 욕구에 완벽하게 부합한다. 이 욕구는 총량으로 당연히 두 개념의 합계를 초과하는 긴장과 "청원"의 반짝이는 집합을 *암시하면서* 이원성에 *이름을 부여*하는 것이다.

보들레르가 영어에서 "우울spleen"이라는 말을 차용한 것은 그러한 관심에서 의미심장하다. 이 낱말이 에드거 포의 번역가인 그에게 매우 친근하다는 사실을 잊지 말자. "우울"은 확실히 완곡한 표현법을 쓰거나 동의어 첨부를 하지 않는 한 프랑스어로는 사실상 번역할 수 없는 낱말이다. 그 동의어 목록은 실제로 의미의 충만함을 결코 고갈시키지 않는 용어집 한 권 분량을 이룬다. "우울, 생소한 병 혹은 미지의 병"이라고 조르주 블랭은 말한다. 우울, 생소한 단어, 언제나 인정받지 못한 단어라고 덧붙이자. 우리에게 악의 카탈로그를 시사하는 말, 병의 증후군을 가리키는 기호, 시집의 연작시 네 편(작품 번호 LXXV부터 LXXVIII까지)의 이름이 유래하는 어휘… 보들레르가 선택한 이 단음절어에 내포된, 불안을 조장하지만 본질이 담긴 다의성 때문에 "추격전"은 길어진다.

표면적으로 보면, 우울은 무엇보다 억압, 질식의 감각을 특징으로 한다. 때가 잔뜩 낀 장식이나 더러운 풍경의 이미지들이 은유의 형태로 표현하는 병들고 지친 육신에의 공격.

비의 달〔雨月〕이, 도시 전체에 화가 나,
부근 묘지의 창백한 주민들에게 철철 쏟아붓는다
제 물 항아리에서 캄캄한 냉기를,
안개 낀 변두리에는 사망률을.

—〈우울〉, LXXV

낮고 무거운 하늘이 뚜껑처럼
오랜 권태에 시달려 신음하는 정신을 짓누를 때,
지평선의 원주를 온통 끌어안으며
우리에게 밤보다 음울한 낮을 쏟아부을 때…

—〈우울〉, LXXVIII

심리학적으로는 이것이 "불운", "권태", 만성적 무력감에서 오는 의기소침의 인상이다.

나는 비 오는 나라의 왕과도 같이,
부유하지만 무기력하고, 젊은데도 무척 늙었어,
가정교사들의 굽실거림도 깔보고
개들에게도 다른 동물에도 싫증을 내지.

—〈우울〉, LXXVII

좀더 깊이 보면 이것은 육체적 정신적 힘의 소진으로 인한 비통한 감정이고, 발터 벤야민의《샤를 보들레르》의 표현을 빌리면, 더 이상 "무기물, 게다가 유통과정에서 소외된 물질"밖에는 될 수 없는 존재에게 닥친 신경마비의 비통한 감정이다.

— 이제 그대는, 오 살아있는 물질이여!
막연한 공포에 둘러싸여, 안개 낀 사하라
오지에서 졸고 있는 일개 화강암에 지나지 않아.
걱정 없는 세상 사람이 모르는 늙은 스핑크스,
지도에서도 잊혀, 그 사나운 기질은
기우는 햇살을 향해서만 노래한다네.

—〈우울〉, LXXVI

우울-혐오, "무기력증", 박탈·고초·낙담 상태. 이것은 무시무시할 정도로 명백한 확정사실이 되어 〈허무의 맛〉에 가까워진다.

사랑스러운 **봄**은 그 향기를 잃어버렸다!

사회학적으로 말하면, 우울은 불구에 앙가발이가 놓인 한계상황, 사회로부터의 추방이라는 이름을 갖는다. 이 사람은 상스러운 선원에게 조롱당하는 "알바트로스" 또는 "어리석은 대중"의 오싹한 빈정거림을 받는 천재다.

지하 독방의 시인은, 행색이 초라하고 병약해,
경련 이는 그의 발 아래로 원고를 굴려
공포에 질려 불타는 눈길로 가늠해 본다
그의 넋이 빠져 들어가는 아찔한 계단의 깊이를.
감옥을 가득 채우는 주변의 웃음소리는
그의 이성을 기묘함과 부조리로 이끌어간다.
의심이 그를 에워싸고, 가소롭고, 섬뜩하고
무수한 모습의 **두려움**이 그의 주위를 빙빙 돈다.
—〈외젠 들라크루아의 '감옥의 타소'에 부쳐〉

우울은 "신경의 변덕"으로 가장 명료하게 표명된다. 따라서 우울은 무서운 환상의 행렬이 동반하는 것으로 보아 실존적인 진짜 불안이기도 하다는 것이 밝혀진다. 보들레르는 〈불화살〉의 한 부분에서 이렇게 쓰고 있다. "정신적으로나 육체적으로나 나는 항상 심연의 감각을 갖고 있었다. 잠의 심연뿐 아니라, 행동, 꿈, 추억, 욕망, 후회, 회한, 미, 수數 등등의 심연을." 강박과 불안과 반발의 소용돌이인 보들레르의 병은 심리의 전적인 포기 상태, 가차 없는 "약탈"에 굴복한 의식의 절대적 소외 상태에서 절정에 이른다.

— 그리고 영구마차의 긴 행렬이, 북도 음악도 없이,
내 영혼 속을 느릿느릿 열 지어 간다. **희망**은
박살나, 눈물 흘리고, 잔혹하고 포악한 **불안**이
푹 수그린 나의 두개골 위에 제 검은 기旗를 꽂는다.

—〈우울〉, LXXVIII

더욱이 이 마지막 인용 — 절망적으로 느리고 가슴을 찌르는 듯한 — 에서는 우울이 시간과, 아니 더 정확히 말하면 시간의 물질성, 즉 지속과 어느 정도로 단단히 결부되어 있는지 분명히 알 수 있다. 우울을 견디는 것이 보들레르에게는 부패시키고 타락케 하는 지속의 속박을 견디는 일이다. 사실상 그에게서 보이는 것은 우울이라고 불릴 수 있는 외적 사물 또는 영혼의 "상태"라기보다는, "우울, 그것은 영원히 계속되는 파국이다"라는 벤야민의 훌륭한 공식을 성립시키는 사물과 영혼의 타락, 지속적 퇴화에 가깝다. 달리 말하면 존재의 소멸이라는 재앙의 영속성이다. 시간이 살아있는 것과 체험된 것의 현실 자체를 말살시키면서 "사물화"되어 간 것과도 같다.

> 그리고 **시간**은 시시각각 나를 집어삼킨다,
> 대설大雪이 뻣뻣해진 시체를 집어삼키듯.
>
> —〈허무의 맛〉, LXXX

《악의 꽃》의 X번 시 소네트에서 보들레르는 자신의 고통에 대한 분석을 밀고 나가, 예속되고 무력한 자기 존재에 시간이 영속적으로 가하는 반쯤 식인적, 반쯤 흡혈귀적인 일종의 형벌과 그 고통을 동일시하기도 한다.

> — 오 고통이여! 오 고통이여! **시간**은 생명을 잡아먹고,
> 우리 심장을 갉아먹는 음험한 **원수**는

우리가 잃는 피로 성장하고 튼튼해진다!

—〈원수〉, X

시간은 따라서, 우울과 완전히 섞이는 일 없이 우울의 불안감을 부추기고 우울의 형벌을 열 배나 증가시킨다. 시인이 시간을 절대적인 "원수"로 여기는 것은, 시간이 본래 악마적이어서 인간을 날마다 그 신성한 부분으로부터 더 멀어지게 하고, 잘못의 부담과 악의 중압을 끝도 없이 가중시키기 때문이다. "나는 천년을 산 것보다 더 많은 추억을 갖고 있다"[15]고, 치욕과 "권태"의 무거운 짐에 묶인 보들레르의 내면은 그렇게 탄식한다. 그런데 우울의 폭력이기도 한 지속의 이 테러 행위, 후에 말라르메가 몹시 비슷한 어휘로 묘사하는 "공포의 연속"을 어떻게 극복할 것인가? 요컨대 우울을 없애기 위해서는 어떻게 "시간을 죽일" 것인가? 시간을 해충처럼 절단하고 토막 냄으로써. 물론 벌레는 다시 태어나고, 성장하고 흩어진 토막들로써 번식할 수 있다. 그러나 잃어버렸거나 적어도 시간적으로—어쩌면 일시적으로—멀어진 이상에 접근하고 그것을 회복하려는 보들

15 〈우울〉, LXXVI.

레르의 덧없는 희망 전체가 아마도 불길한 옥죔을 깨부수기 위한 이 "백병전"에 걸려있는 것이리라. 이 점에 관하여 마르셀 프루스트는 다음과 같이 온당한 판단을 내린다. "보들레르의 세계는 시간의 기묘한 세분화다. 그곳에서는 특기할 만한 날들만 드물게 등장한다."

5. 이중인간: '이상' 드문, 단명한, 덧없는, 그렇기 때문에 "특기할 만한", 이런 것이 실제 보들레르가 말하는 이상의 규정이다. 이것은 우울의 불투명하고, 무겁고, "오랜 기간의" 물질성과 대조를 이룬다. 우울은 해마다, 나날이, 시시각각 셀 수 있지만, 이상은 나날이, 매순간, 여기저기 찾아와 지속의 연쇄를 끊어놓는 "감미로운 순간들"로 나타난다. 이상은 너무나 "드물"기에 《악의 꽃》은 우울의 한탄을 즐겨 읊조리는데, 이상의 실태에 대한 분석 시도, 이상이 가까이 다가오거나 또는 표면 위로 나타나는 것을 암시하는 징후와 "인상"에 대한 조사의 시도를 시집 이외의 곳에서 자주 찾아봐야 한다. 예를 들어 포의 《이상한 이야기》 역자 서문에서 그는 이렇게 쓰고 있다.

쉽게 사라지는 강렬한 인상. 인상이 쉽게 사라지는 만

큼 그것이 되돌아올 때는 더욱 강렬하다. 되돌아오는 인상은 때로 종소리, 음표 또는 잊고 있던 향수 냄새 같은 외적 징후, 일종의 경고 후에 찾아온다. 그리고 그 인상 자체 다음에는 이전에 계시된 연쇄 속에서 같은 자리를 차지하고 있던 이미 알고 있는 사건이 따라온다.

이쯤 되면 보들레르를 프루스트적 수법의 선구자로 만들고 싶은 유혹이 커질 것이다. 잃어버린 이상을 재발견하기 위해서 "감정의 기억"의 작용으로 시간적 지속의 제약을 없애는 일에 기반한 것이 프루스트의 수법이기 때문이다. 조르주 풀레는 평론 〈원환의 변모〉의 보들레르에 관한 연구에서, 너무 조급한 동일시나 관련성을 경계하라고 말한다. "보들레르가 감정적 기억 현상의 묘사(그리고 그 현상과 기시감의 아날로지)에서 프루스트를 정확히 예견한다고는 해도, 그의 의도는 전혀 다른 곳에 있다. 보들레르에게는, 분리된 순간들 사이의 본질적 동일성을 결코 시간 밖에서 확립하려는 생각이 없다. 반대로, 이 순간들을 떼어놓는 간격 속에서도 시간, 언제나 동일한 시간은 군림을 결코 멈추지 않았음을 시사하고자 하는 것이다." 다시 한번 《악의 꽃》은 변증법적 시집이 아니라는 것이다. 이상은 "신성한" 순간이나 인상의 도움을 받아 불길한 시간성을 기적적으로 부정한다고 해서 태어나지는 않으며, 재탄생하지도 않는다. 그러한 순간이나 인상의 표출만으로 저주받은 연속을 중단시킬 수 있고, 승화시킴으로써 정당화할 수 있기는 해도 말이다. 이상의 예외적이고, 요행에 좌우되고, 예측할 수 없는 "돌발"은, 우울의 안정되고 영속적인 체계에 맞서 "찾아내기 어려운" 자체의 이미지들을 덧없는 도전으로 내세울 뿐이다. 보들레르는 이렇게 쓴다.

> 인간에게는 젊고 활기찬 재능을 갖추고 잠에서 깨어나는 날들이 있다. 그의 눈꺼풀이 졸음을 겨우 떨쳐내자마자, 외부 세계는 강력한 입체감, 선명한 윤곽, 놀랄 만큼 풍부한 색채를 보이면서 그에게 나타난다. 정신세계는 새로운 빛으로 가득 찬 드넓은 전망을 연다. (…) 이것은 정신과 감각의 이례적인 상태이며, 나날의 평범한 생활의 짓누르는 듯한 어둠에 비하면, 과장 없이 낙원 같다고도 할 수 있다.[16]

이상의 "낙원"은, 보다시피, 상상의 "스냅사진들" 이상의 현실을 갖지 못한다. 이것은 푸가 또는 반복적인 대위법의 작용 안에서, 집요하지만 언제나 잠정적으로,

자연의 소재에 대하여, 그 속성과 요인을 하나하나 역전시킴으로써 이의를 제기한다. 우울은 어두운 지형과 감옥 같은 풍경("물이 스며들지 않는 지평선", "하늘의 우울한 궁륭")을 갖고 있었다. 이상은 따라서 순간적 눈부심에 이끌려, 통기성 좋은 해방된 경관을 가질 것이다. 그럼에도 불구하고 시집 전체에서는, 바로 그 쉽게 사라지는 성질 때문에, 이상의 경관이 두루 살피고 상세히 들여다볼 수 있는 전체를 구성하기는 좀처럼 쉽지 않다. 거의 언제나 모티프, 표징, 또는 일별에 불과하다. 그것들이 갖는 돌발적인 이상성은 시의 슬픔에 젖은 조직 속에 다시 잠겨버린다. 몇 작품들(〈상승〉, 〈이상〉, 〈풍경〉)은 환기력에서 보다 멀리 가지만 이 중 어느 것도 XII번 소네트 〈전생〉의 빛나는 환영에는 필적하지 못한다. 이 시는 단 한 편에 실제로 시점, 운동, 감각을 일관성 있게 역전시켜, 이상의 세계를 우울의 반反세계로 만드는 "기호들"을 전부 담고 있다. 첫 4행시에는 억압, 부패, 어둠에 대하여 환하고 마음 놓이는 공간의 화려함, 깊이 그리고 계산된 밝음이 있다.

16 《인공낙원》, 〈해시시의 시〉, '1. 무한의 맛'.

나는 오랫동안 광대한 주랑 아래 살았다
바다의 태양이 수천 개의 불로 물들이는 곳,
그 커다란 기둥은 곧고 장중하여,
저녁이면, 현무암 동굴과도 같았다.

우아하고 웅대한 "해양화"는 세계의 제 요소들 간의 조화와 "일치"를 노래하고 이 세계와 자아의 공생 또한 노래하는 "교향악"으로 연장된다. 세계와 자아는 엘뤼아르적 비전의 "비옥함"을 예견하는 것 같은 시선의 거울 속에서 함께 깨어난다.

큰 파도는 하늘의 영상을 굴리면서
장엄하고 신비하게 뒤섞고 있었다
그 풍요한 음악의 전능한 화음과
내 눈에 반사된 석양의 색채를.

첫 3행시는 마침내, 군더더기 없는 호사로써 세계 "한복판"에서의 자아의 진정, 자아의 "재정립"을 말한다. 자아는 더 이상 세계로부터 인간소외를 낳는 속박이나 굴욕을 당하지 않고, 그 대신 세계의 유순한 요소들의 질서를 바로잡고 그것들을 창조신의 지배 아래 둔다.

내가 고요한 열락에 젖어 살았던 바로 그곳,
창공과, 파도와, 찬란함 속에서
온몸에 향내 스며든 벗은 노예들에 둘러싸여,

그러나 11행에 걸쳐 이렇게 이상이 연속됨에도 불구하고, 시는, 마지막 3행시에서, 교묘하게 짜인 관계절을 따라, 전혀 다른 분위기와 주제로 음험하게 옆으로 미끄러진다.

그들은 종려 잎사귀로 내 이마 식혀주었고,
그들의 유일한 정성은 나를 쇠잔케 하는
고통스런 비밀을 깊숙이 파고드는 것.

지금까지 생각지도 않았던 이 "고통스런 비밀"은 무엇일까? 이로 인해 독자는 불안감에 휩싸이고 앞 세 절의 놀라운 행복감을 의심하게 된다. 분명히 다음과 같은 확신이다. 이상에게 영원은 없다는 것, 이상은 본질적으로 잃을 수 있고 소멸하기 쉽다는 것, 이상은 그 충만함 — 여기에서는 이례적으로 지속되고 있는 — 의 한복판에서조차 우울과 그로 인한 "쇠잔함"의 숙명적인 씨앗을 품고 있다고 하는 확신. 이제 시의 제목 "전생"으로 돌아와 보자. 무엇보다 이전의 삶일까? 그 어떤 윤회에 연결된 어렴풋한 기억? 저주받은 시인의 고통스러운 생활 "이전"에 경험한 섬 여행의 눈부신 추억? 아니면 늘 가버리고 늘 잃어버린 이 삶보다 먼저 있던 삶? 이 삶은 끊임없이 시 쓰는 일을 예고하는데, 시 쓰는 일은 항상 이쪽에 머물러, 삶에서 뒤로 물러나 있다. 전생이지만 특히 "내內"생이라고 할 수 있다. 그 확실한 이상성이 일상의 있을 법하지 않은 미로 안에서 길을 잃고 와해되는 것이다.

〈전생〉 바로 앞에 있는 8음절 소네트 〈불운〉은 어떤 의미에서 이에 관한 열쇠를 제공한다.

그렇게나 무거운 짐을 들어 올리려면,
시시포스여, 그대의 용기가 있어야겠다!
혼신을 다하여 일한다 해도,
예술은 길고 **시간**은 짧다.

"우울한" 시간이 언제나 너무 길다면, 이상과 그 탐색의 시간은 언제나 너무 짧다. 우울은 악의적인 지속의 덤으로 따라오는데, 이상에는 창조적 시간이 부족하다. 우울이 해를 입히는 풍부함의 형벌이라면, 이상은 결핍과 욕구좌절의 고문이다. 한쪽은 악마적인 영원한 추락이고, 또 한쪽은 시시포스 같은 끝없이 반복되는 추락으로 이끈다… 게다가 보들레르는 추락과 재추락 사이에서 선택은 하지 않는다. 그는 황홀한 순간들과 병적인 연속을 실어오는 흐름을 받아들인다. 이때는 황홀한 순간의 추억 또는 직감을 갖고 있는 만큼 병적인 연속을 감당하기가 더 힘들 것이다.

> 아니다! 더 이상 분도 없고, 초도 없다! 시간이 사라져 버렸다. 군림하는 것은 **영원**, 열락의 영원이다!
>
> 그런데 문 두드리는 무시무시한 소리가, 무겁게 울려 퍼져, 마치 끔찍한 꿈속에서처럼, 나는 위胃에 곡괭이질을 당하는 것만 같았다.
>
> 그러더니 유령이 들어왔다. (…) **시간**이 다시 나타나, 이제 지배자로 군림한다. 추악한 늙은이와 함께 그의 악마적인 일행인 **추억**, **회한**, **경련**, **공포**, **불안**, **악몽**, **분노** 그리고 **신경증**이 전부 돌아왔다.

《산문소시》의 한 편 〈이중의 방〉에서 발췌한 이 부분은 "잠정적" 이상성, 즉 《악의 꽃》의 존재를 좌우하는 본질적 주제의 하나인 이상성의 비극을 완벽하게 명시하고 있다. 우울과 이상. 하나는 시간에 속하고 또 하나는 순간에 속하기 때문에, 둘 사이의 이원성은 근원적이고, 투쟁은 그치지 않는다. 그러나 보들레르 드라마를, 증식하는 저주받은 부분과 "유배당한" 신성한 부분 사이의 이 불균등한 대위법에서 이원적으로 체계화하는 것으로는, 상반되는 두 가지 청원의 어떠한 화합의 가능성에도 이르지 못한다. 우울을 이상으로 "드높이는 일"은 지속성을 가진 충만함에 이르지 못하지만, 다른 한편, 우울의 중압감은 결코 "상승"하고자 하는 의욕을 완전히 무너뜨리지는 못한다. 이것이 관건이다. 그리하여 끊임없이, 그의 시구와 시편들의 밀려들고 빠져나가는 물결 속에서 시집은 희망과 체념을, 해방과 예속을, 고양과 실추를 대치시킨다… 그리고 책 전체가, 이미 말했듯이, 이 "우유부단"을 먹고사는데, 언어가 때로는 활기를 주고 때로는 진정시키는 모순과 파열의 주기적 재용출에서 양분을 얻는다. 이 비극적 역경, 반대되는 것들의 이 숙명은 무자비하다. 왜냐하면 실제로 인간을 그 자신에게, 그의 욕망을 그 욕망에, 그의 행위를 그 행위에 대립시키기 때문이다. 고대인들은 이 역경과 이 숙명을 "자신을 벌하는 자"의 신화로 그려냈고, 보들레르는 이것을 자기 방식으로 재해석하여 바로 "우울과 이상"이라는 제목의 시집 제1부 말미에 실었다.

나는 상처이자 칼!
나는 따귀이자 뺨!
나는 사지이자 바퀴!
그리고 희생자이자 처형자다!

나는 내 심장의 흡혈귀,
—신에게 버려진 위대한 자들의 하나
영원히 웃는 형을 받아,
더 이상 미소 지을 수 없는 자![17]

그때부터 문제는 간단해진다. 고결하고 순수한 기원을 가진 잃어버린 낙원으로의 진정한 회귀가 없다면, 과오와 회한에 찬 나날의 형벌 말고는 다른 희망이 없다면, 이상성의 "유지"가 불가능한 것에 대항하여 시적 공간에서 행복의 어떤 "대용품"을 만들어내야 하지 않을까? 실제 낙원의 "회피"를 보상하려면 어떤 인공낙원이 필요할까? 지옥의 유혹자를 이기려면 어떤 시도가 필요

17 〈자신을 벌하는 자〉, LXXXIII.

할까? 이러한 물음에 답하는 것, 그것은《악의 꽃》시의 흐름을 따라서 마음을 어지럽히는 보들레르적 환상의 탁류에 떠밀려가 보는 것이다.

6. 인공낙원 언뜻 엿보인 이상은, 일상의 짐을 경감시키라고 강력하게 요구하면서, 보들레르의 마음에 확신을 불러일으킨다. 인간이 비탄에 빠져있는 중에도 부상浮上감각과 보상의 기교를 고안해 낼 수 있다면, 낙원의 황홀감이 인간 자신에 의해 촉발되고 마음껏 작동될 수 있다는 확신. 따라서 창작자가 자신의《인공낙원》이라고 명명하는 것을 기원하고 묘사하는 것이 시에서는 바로 필연이라고 할 수 있다. 그는 1860년의 글에서 이렇게 단언한다. "무한에의 애착은 최상의 복이다. 이런 이유로, 당장 얻을 수 있는 쾌락만을 염두에 두는 (인간은), 자기 체질의 법칙들을 위반하는 것에 아랑곳하지 않고, 철학적 학문에서, 조제학에서, 가장 질 낮은 술에서, 냄새가 가장 빨리 퍼지는 향수들에서, 풍토와 시대를 가리지 않고, 몇 시간에 불과할지라도, 자신의 누추한 주거를 벗어날 수단을, 그리고 나자로의 저자가 말하는 것처럼, '낙원을 단번에 획득하는' 수단을 추구했던 것이다."[18]

《악의 꽃》과《파리의 우울》저자가 찬양한 "유혹"의

전체적 모습이 처음으로 "술"과 "조제학"이라는 말로써 명확하게 제시된다. 해방자인 도취를 창출하기 위해 소환된 것이 술과 약물이다. "언제나 취해있어야 한다. 그것이 전부다. 그것이 유일한 문제다. 그대의 어깨를 바스러뜨리고 그대를 바닥에 주저앉히는 **시간**의 끔찍한 짐을 느끼지 않기 위해서, 그대는 쉴 새 없이 취해야 한다. (…) 도취가 시간의 부정임을 잊어서는 안 된다…"[19] 인공적인 영원의 환각을 유발하는 가장 단순한 장치는 따라서 보들레르가 1857년의 시집에서 제3부 전체를 바치는 포도주일 것이다. 하지만 오해 없기를! 보들레르가 "물 타지 않은 포도주 반병 비우는 것을 결코 본 적이 없다"고 단언하는 나다르 같은 그와 동시대인들의 의견을 봐도, 《악의 꽃》 저자는 술꾼이나 고질적 알코올중독자가 전혀 아니었다. 그가 노래하는 포도주와 주류酒類는, "연인들"의 감로주건 "넝마주이들"과 "살인자들"의 싸구려 와인이건, 우선 시의 모티프이고, 거기에

18 《인공낙원》, 〈해시시의 시〉, 'I. 무한의 맛'.

19 《파리의 우울》, 〈취하라〉(XXXIII). 마지막 문장("도취가 시간의 부정임을 잊어서는 안 된다…")은 해당 산문시에 나오지 않고, 쓰려고 계획했던 산문시 가운데 하나인 〈두 술꾼〉에 들어갈 예정이었던 문장이다. 랭세의 기억에서 두 작품이 혼합된 것으로 보인다.

는 자유와 도피에 대한 그의 꿈이 새겨져 있다. 왜냐하면 포도주는, 보들레르가 말하고 있듯이 "넋"을 갖고 있고, 이 열렬한 "넋"은 모든 것을 행복의 절정까지 확장시키기 때문이다.

오늘, 공간은 찬란하다!
재갈도, 박차도, 굴레도 없이
떠나자, 포도주 등에 걸터앉아
요정과 신이 사는 하늘을 향해.

—〈연인들의 포도주〉, CVIII

포도주는 알고 있다, 아무리 더러운 거처도
　기적 같은 호사로 치장하는 법을,
전설 속의 주랑 여럿을 솟아 나오게도 한다
　그 붉은 증기에서 오는 황금 속에서,
구름 낀 하늘의 석양과도 같이.

—〈독毒〉, XLIX

게다가 시인은, 불확실한 행복의 생생한 은유인 알코올의 해롭기 짝이 없는 위험을 결코 감추지 않았다. "포도주가 가져오는 광경은 내면의 태양으로부터 빛을 받아 얼마나 장대한가! 인간이 포도주에서 길어내는 이 제2의 청춘은 얼마나 진실하고 불타오르는가! 그러나 그 진광석화 같은 쾌락과 흥분시키는 그 매력은 얼마나 무서운가!"[20]

위험의 자초와 두려워하는 냉철함, 이 말들은 그의 다양한 약물 사용에 관하여 진술할 때 우리에게 도움이 될 것이다. 여기에서도 뛰어나게 시적인 사용이 있기 때문이다. 의학적인 이유로 보들레르가 다량의 로다놈을 복용해야 했다고는 해도, 그는 실제로 약물 중독자도 약물 옹호자도 아니었다. 토머스 드 퀸시의《아편 중독자의 고백》에서 시사받아 쓴《인공낙원》을 주의 깊게 읽어보면 충분히 알 수 있다. 이 책을 구성하고 있는 두 편의 에세이〈해시시의 시〉와〈아편 중독자〉는 사실 두 가지 약물에 대한 규탄이면서 열광적인 분석이다. 이 글에는 이 두 가지 약물로 인한 신기루와 위험이 묘사되어 있다. 특히, 미셸 뷔토르가 그의 첫 번째《목록》에서 보여주었듯이, 약물은 그것이 무엇이든, 참을 수 없는 "절대지배"와 "무한감각의 황폐"에 이르지 않으려면, 시의 "절제"를 벗어나서는 절대 안 된다. 약물은 기껏해야 시

20 《인공낙원》,〈포도주와 해시시〉, 'II'.

의 상상세계를 풍요하게 해줄 수 있을 뿐이다. 뷔토르는 이렇게 쓰기도 한다. "오로지 시만이 해시시의 지배력하에 모습을 드러내는 것에 어느 정도의 지속을 줄 수 있는 것과 마찬가지로, 아편이 유발하는 저 몽환적 소재에 대한 어느 정도의 제어능력을 개인에게 줄 수 있는 것은 시뿐이다."

포도주의 경우와 마찬가지로, 《악의 꽃》에서 은유로서의 약물의 시적 사용도 근본적으로 모순적 양태로 나타난다. 전대미문의 에너지 또는 감각의 촉매인 동시에, 새롭게 일어나는 공포나 극적 상황의 응축기, 달리 말하면 신주神酒이자 "독약".

아편은 끝이 없는 것을 더 키우고,
　　무한의 것을 더 늘이고,
시간을 깊이 하고, 열락을 파고들어,
　　검고 음산한 쾌락으로
영혼의 용량을 넘치도록 채운다.

—〈독毒〉, XLIX

"일평생 마법의 유약과도 같은 것을 끼고 살면서(…), 그 인생을 성대하게 채색하고 그 깊이를 남김없이 비춰내는"[21] 약물의 "마약성" 황홀감은 결국 다른 것들보다 더 나쁘지도 더 좋지도 않은 하나의 인공수단에 불과하다. 그러나 모든 것을 고려해 볼 때, 시인이 우울의 중압을 경감시키기 위해 빠져들 각오가 되어있는 일련의 유혹에서, 가장 자주 음미하고, 가장 평온하고 따라서 피해가 가장 적은 것은 역시 담배일 것이다. 담배는 마음의 진정제이며 정신의 "위안"으로 곳곳에서 묘사된다.

> 나는 어느 작가의 파이프야.
> 아비시니아나 카프라리아 여자 같은
> 내 얼굴을 잘 보면, 알게 되지
> 내 주인이 애연가란 걸.
>
> 그가 심히 괴로워할 때,
> 나는 농부의 귀가에 맞춰
> 음식을 준비하는
> 오두막처럼 연기를 뿜어내.
>
> 나는 그의 넋을 얼싸안고 다독이지

21 《인공낙원》, 〈포도주와 해시시〉, 'Ⅳ. 인신人神'.

불타는 내 입에서 풀려나와
너울대는 푸른 그물 속에서,

그리고 강한 방향芳香 흔들어
그의 마음 홀리고, 피곤한
정신을 치유해 주지.

—〈파이프〉, LXVIII

《인공낙원》에서도 보들레르는, 장-피에르 리샤르가 "담배의 현상학"이라고 부르는 것에 끈질기게 골몰했다.

나는 당신이 앉아서 담배를 피우고 있다고 상상한다. 당신의 주의력은 파이프에서 나오는 푸르스름한 구름 위에서 너무 오랫동안이다 싶게 휴식을 취할 것이다. *느릿하고, 연속적이고, 영원한* 증발의 관념이 당신의 정신을 사로잡을 것이고 당신은 곧 이 관념을 당신 자신의 사고에, 생각 중인 소재에 적용할 것이다. 특이한 애매함 때문에, 일종의 전이 또는 이지적 오해 때문에, *자신이 증발한다고 느낄 테고*, 그러면 당신은 파이프에게 (당신이 그 안에 *웅크려* 담배처럼 *덩어리져 있다*고 느낀다) *당신을 피우는* 이상한 능력을 부여할 것이다.[22]

상승, 공중부유, 제어된 증발 또는 유쾌한 자기연소까지, 보들레르의 조용한 흡연실은 그 향내 나는 취약함 속에서 사랑스러운 낙원의 온갖 다채로움을 생산해 낸다.

향내 난다고 하는 것은 담배가 맛보다는 냄새이기 때문이다. 그리고 우리는 여기에서 보들레르 "낙원"의 제2국면으로 미끄러져 들어간다, 즉, 더 은밀하고, 더 정교하고, 더 내면적으로 그리고 더 올바르게 체험했기 때문에 그만큼 더욱 독창적인, 유혹과 인공수단의 국면으로. 이 기묘하거나 세련된 상태, 격한 감정, "경향"을 "감각의 현기증"이라고 부르자. 시인은 여기에서도 "또 다른 하늘로 자기를 데리고" 가도록 기꺼이 자신을 맡긴다. 그중 필두에 오는 것은, 랭보에게 색채가, 베를렌에게 멜로디가 그렇듯이, 《악의 꽃》 저자와 불가분의 것이었던 향기다. 향기는 인간에게 하나의 우주를 소유케 해줌으로써 후각 안에서 잃어버린 통일성을 복원한다. 그 우주는, 증발되기는 했지만 숨을 내쉴 때마다 온전히 모습을 드러내고, 아주 조금 들이쉴 때마다 온전히 되살아난다.

22 《인공낙원》, 〈해시시의 시〉, 'III. 세라팽 극장'.

독자여 그대는 이따금 들이마셔 보았는가
넋을 놓고 천천히 갈증을 해소하면서
교회에 가득 퍼진 저 향 알갱이를,
아니면 향주머니에 배어든 사향 냄새를?

현재에 되살아난 지난날이 우리를
취하게 하는 그윽하고 마술적인 매혹!

—〈환영幻影〉, XXXVIII

향기는 곁잠이 들었거나 기진맥진한 사람에게 활력을 주기도 하고, 그의 정력을 되살려 알코올이나 약물 못지않은 효과적인 "도취"에 이르게 한다.

다른 사람들의 정신이 음악 위를 떠돌듯
내 정신은, 오 내 사랑! 그대 향기 위를 헤엄친다.
(…)
나는 열렬히 취한다, 야자유와 사향과,
역청이 뒤섞인 향내에.

—〈머리타래〉, XXIII

보들레르에게는 종종 향기로부터 게으름까지가 단

한 발짝에 불과하다. "흔들거림", "나른함", "결실 많은 게으름" 등, 《악의 꽃》의 시인은 어느 경우에도, 그가 〈머리타래〉에서 노래하는 "향기로운 여가의 이 끝없는 흔들거림"에 빠져든다. "회한과 욕망의 향내가 나는 게으름의 목욕"[23]은 아마도 그가 가장 즐겨 우울의 공포에 대치시키는 감각과 정신의 상태이리라. 그 상태를 촉발시키려면 종종 사소한 일로도 충분하다. 진동하는 강렬함을 발산하는 고양이의 자기磁氣 띤 말랑함.

> 금빛과 갈색의 그 털에서
> 달콤한 냄새 풍겨 나와, 어느 저녁
> 내 몸에 그 향내 스며들었다, 한 번
> 단 한 번 어루만졌는데.
>
> —〈고양이〉, LI

> 넉넉한 그 가슴은 마법의 불꽃 가득하고,
> 금빛 조각들은, 고운 모래처럼,
> 신비로운 눈동자를 어렴풋한 빛으로 밝힌다.
>
> —〈고양이들〉, LXVI

23 《파리의 우울》, 〈이중의 방〉(V).

끝이 없어 보이는 황혼의 조는 듯 마음 놓이는 포근함.

이글거리는 석탄불에 비추인 저녁,
장밋빛 노을 뒤덮인 발코니의 저녁.

—〈발코니〉, XXXVI

연인 젖가슴의 습기가 자주 지속시키는 순간 또는 분위기의 포근함.

가을의 따뜻한 저녁, 두 눈을 감고,
그대 따스한 젖가슴 냄새 들이마시면,
눈에 보인다, 변함없이 내리쬐는 햇빛이
눈부시게 비추는 행복한 바닷가 펼쳐지는 것이.

—〈이국의 향기〉, XXII

고양이, 향기, 습기, 이것들은 결국 어떤 것에 우리를 접근시키는 실루엣이며, 속성이며, 인상이다. 그것은 《악의 꽃》속에서 절대적인 힘과 악의와, 때로는 폭력으로써, 불충분한 만큼 필연적인 인상파적 "색상"을 대대적으로 준비한다. 그것은 즉 지고의 유혹이자 악마적인 유혹자, "여자"다.

7. 여자들 "**여자**는 당디의 반대다. 따라서 여자는 혐오감을 일으키기 마련이다. (…) 여자는 자연적이다, 다시 말해 가증스럽다." 〈벌거벗은 내 마음〉에 나오는 이 발언의 시니컬한 폭력은, 분명히 프랑스 문학의 훌륭한 연애시집의 하나인 《악의 꽃》에서 여자가 중심적 존재라는 사실을 역설로 보이게조차 한다. 여자는 은유의 유희에 의해 저절로 자연과 동화된다. 이 은유에서 매몰, 흡수, 흡혈, 보다 깊은 곳에서는 오점과 원죄 같은 온갖 강박관념이 반복되어 나타나는 것으로 보아, 자연의 역설 역시 여자만큼이나 역설적이다.

따라서 보들레르의 생에나 작품에서도 여자들이 모자라지 않은 것은, 그녀들의 "원적原籍"이 자연에 속해 있어 다음과 같은 희망을 품게 하기 때문이다. 즉 그녀들에게서, 그녀들을 통하여, 보다 정확히 말해 그녀들로부터 출발하여 그녀들 자체인 자연에 맞서 최대한 항의하리라는 희망. 〈라 팡파를로〉의 주인공 사뮈엘 크라메르는 애인의 알몸 유혹을 거부하고 "기발한 옷차림에 곡예사 코르사주를 입고 그날 저녁 나타나 나를 미치게 만든 (…) 그런 콜롱빈"이 되어달라고 조르는데, 시인 역시 그의 인생과 시에 등장하는 여자들에게, 자기 눈에 들도록, "화장 예찬"의 정언명령에 따르기를 바란다.

"여자는 마술적이고 초자연적으로 보이는 일에 전념함으로써 일종의 의무를 완수한다. 여자는 놀라움을 주어야 하고, 매혹시켜야 한다. 우상인 그녀는 숭배받기 위해 자신을 치장해야 한다"[24]는 것이다. 그래서 1857년 시집에 나오는 세 명의 주요 여성인물 각자는 보들레르가 라브뤼예르의 "사교계 여인들"에게서 이미 찬미한 바 있는 테마, "인공의 위대함"에 따른 변주일 것이다.

이 세 여자 가운데 첫 번째는, 만난 순서에 따른 것이지만 그녀가 불러일으키는 열정과 환상의 강렬함 때문에도, 1842년에 만난 흑백 혼혈인 잔 뒤발이다. 섬 지방의 이국적 아름다움의 추억과 연결된 그녀는, 많은 연애사건에도 불구하고 끝까지 그녀에게 절조를 지키는 시인 애인의 관능과 에로티슴의 꿈들을 구현한다.

기묘한 여신, 밤(夜)과도 같은 갈색 피부에,
사향과 하바나 담배 섞인 향내 풍긴다.
초원의 파우스트인 그 어느 **주술사**의 작품인가,
흑단 허리의 마녀, 검은 한밤의 자식이여…

— 〈그러나 흡족지 않았다〉, XXVI

잔, 시인의 말에 따르면 "내 유일한 기분전환, 내 유일한 쾌락, 내 유일한 동지"인 그녀는, 동시에 육체적 사랑, 음욕의 사랑, 광기의 사랑이며 악마적 사랑, 환희이며 폭력이다. 이를 묘사하는 시들은《악의 꽃》의 세 여성 시편 가운데 가장 길게 이어진다.

〈이국의 향기〉, 〈머리타래〉, 〈*나 그대 밤의 궁륭만큼…*〉, 〈그러나 흡족지 않았다〉, 〈*그 옷들을 걸치고…*〉, 〈춤추는 뱀〉, 〈썩은 시체〉, 〈심연에서 부르짖었다〉, 〈흡혈귀〉, 〈사후의 회한〉, 〈고양이〉, 〈홀린 남자〉, 〈환영〉, 〈*나 그대에게 이 시를 보내노라…*〉, 〈보석〉, 〈망각의 강〉, 그리고 어쩌면 〈오후의 노래〉.

마리 도브룅, 방빌의 변덕스런 애인이 되기 전인 1847년 무렵 보들레르의 인생에 들어온 "녹색 눈"의 그녀는 뒤틀린 천진함과 불순한 "형제애"의 가장 섬세하고 가장 모호한 쾌락을 시인에게 가져다주었다.

낙낙하고 동그스름한 목 위에서, 살진 어깨 위에서,
그대 머리 화사하게 까닥인다, 기묘한 우아함으로.

24 〈현대생활의 화가〉, 'XI. 화장 예찬'.

차분하고 득의양양한 자태로
그대 갈 길을 간다, 위엄 있는 아이야.

—〈아름다운 배(船)〉, LII

온전히 육체의 여자가 되기에는 너무 냉랭하고, 시적 은근함만을 낳기에는 너무 생생한 그녀는 두 번째 연애 시편의 발상원이다. 이 시편은 자력으로 보들레르 여성상의 기이하고 변화무쌍한 모습을 비추는 칼레이도스코프가 된다.

〈독毒〉, 〈흐린 하늘〉, 〈아름다운 배〉, 〈여행에의 초대〉, 〈돌이킬 수 없는 것〉, 〈가을의 노래〉, 〈정담〉, 〈어느 마돈나에게〉.

마지막으로, 그 "*세라피타* 같은 육체가 천사의 향기를 발산하는"(G. 블랭) 여女의장 아폴로니 사바티에. 그녀는 환멸을 부른 "그로테스크하고 서글픈" 육체관계의 에피소드가 있기까지는 미덕과 순결의 살아있는 상징이었다. 이는 잔의 격정적인 매력에 "수호천사, 뮤즈이며 마돈나"가 지닌 지극히 순수한 우아함의 "화장"을 대비시키는 것이었다.

나에게 희열과 건강을 주는
몹시 선량한, 몹시 아름다운 사람,
천사여, 불멸의 우상이여,
영원토록 행운 있기를.

—〈찬가〉, IV

여러 해 동안 플라토닉하고 익명으로까지 격찬받은, 사랑의 삼위일체 제3의 인물은《악의 꽃》의 세 번째 여성시편의 10여 작품에 영감을 주었다.

〈그녀의 모든 것이〉, 〈*오늘 저녁 그대는 무슨 말을 하리…*〉, 〈살아있는 횃불〉, 〈공덕〉, 〈고백〉, 〈심령의 새벽〉, 〈저녁의 하모니〉, 〈향수병〉, 〈너무나 쾌활한 여인에게〉, 그리고 아마도 〈언제나 이대로〉.

시집의 이런저런 시가 이 세 여인 가운데 누구에게 해당하는지 가려내는 일이 종종 가능하기는 해도, 그 밖에 영감을 불어넣은 군소 여자들(〈*어느 저녁, 추악한 유대 계집 옆에서…*〉의 사팔뜨기 사라, 섬 지방의 미인들, "말라바르 여인"이나 "식민지 태생의 부인", 또는 〈지나가는 여인에게〉의 초현실적이고 익명인 여자와 같은 사람들)도, 실루엣과 전반적 인상의 오버

랩으로 인한 다중효과도 잊어서는 안 된다. 잔과 아폴로니의 이중주에 실려 교착어법의 형태로 시작되는 뛰어난 〈발코니〉가 그러한데,

> 추억의 어머니여, 연인 중의 연인이여,
> 오 그대, 내 모든 쾌락, 오 그대, 내 모든 의무여.

깜빡 잠든 어린 누이 같은 마리의 심상에 그는 침잠한다.

> 그리고 그대 발은 오빠 같은 내 손 안에서 잠이 들었다.

이것이 의미하는 바는, 시에 노래된 여자들의 복수성이 보들레르의 내면 깊은 곳에서 유일하지만 극적일 만큼 다의적인 "두려움"—이 용어의 모든 의미에서의—과 관련된다는 사실이다. 여자는 필요이지만 숙명이기도 하다. 파멸의 위험이 있는 유혹. J.-P. 사르트르나 피에르 에마뉘엘이 다양한 방식으로 해본 것처럼, 끝내 극복하지 못한 어머니와의 좌절된 관계에서 비롯된 콤플렉스와 이러한 복잡한 심리를 동일시하여 설명하려는 시도도 물론 가능하다. 보들레르의 여자들은 모두,

여기 또는 저기에서, 빼앗긴 어머니의 품을 시늉하는 것으로 끝나기 때문이다. 그러나 보다 근본적으로는, 시인과 여자의 관계는, 전기상의 일화들이 아무리 심리적 외상이 되어있다 해도, 이것들을 넘어서는 죄악감의 징후 아래 놓여있다는 점이다. 여자를 욕망하는 것은 "그려내기", 창조하기를 원하는 것이지만, "둘 중 하나가 자기 통제력을 잃지 않을 수 없는 가공할 유희"(〈불화살〉, 3) 속에서의 패배, 자기상실, 그리고 어쩌면 죽음을 무릅써야 하는 일이기도 하다.

"욕망에 찢기는 예술가는 행복하도다"라고 《산문소시》는 노래하지만,[25] 시를 많이 낳는 이 찢김은 얼마나 극심한 고통인가! 보들레르의 여자들은 단테의 베아트리체, 페트라르카의 로라, 또는 낭만주의자들의 뮤즈 같은, 시인들에게 재능과 영감을 불어넣은 여자들로부터 한참 멀리 있다. 보들레르의 경우 여자의 천성은 희생과 잔혹함이라는 이름으로 불린다. 시인의 몸과 마음을 지배하는 군주인 《악의 꽃》의 "위험한" 여자들은 변덕스러운 횡포의 리듬으로 사랑을 강요하기도 하고 거절하기도 하는데, 이 리듬은 그녀들이 자아내는 독이 든 쾌

25 《파리의 우울》, 〈그리고 싶은 욕망〉(XXXVI).

락을 저주하게 만든다. 찢긴 사람에게 유일하고 너그러운 존재로서의 위안을 가져다주기는커녕, 그녀들은 그의 이원성의 고통에다 그녀들의 천부적인 이중성의 시련을 보태어 종종 악화시킨다. 교태 뒤에서 포악하고, 다정함 뒤에서 엉큼하고, 매혹적인 눈물이나 미소 뒤에서 "배반하는" 이중성.

이 모든 것이 그대 눈에서 흘러나오는
　독액만 못해, 그대 녹색 눈,
내 넋이 흔들리고 거꾸로 보이는 호수…
　내 꿈은 무리지어 온다
이 쓰디쓴 심연에서 갈증을 풀기 위해.

이 모든 것이 부식시키는 그대 침의
　무시무시한 위력만 못해,
그것은 내 넋을 회한도 없이 망각에 빠뜨리고
　어지러움을 씻어 내리면서
기진한 넋을 죽음의 강가로 밀고 간다!

—〈독毒〉, XLIX

그래서 보들레르의 성性은 결국 성의 "회피"이며, 여

자에 대한 욕망을 말하는 시는 실현 불가능한 욕망으로부터 "여자에게서 멀어지거나 심지어 여자를 배척하기도 하는"(L. 베르사니) 욕망 쪽으로 "표류"하는 시다. 죄지어 영벌 받은 이브에 사로잡히고, 피와 살을 갖춘 모든 비너스 앞에서 회의적인 시인은, 실제로 레스보스 섬의 사포를 그리고 창녀의 행렬을 더 좋아하지 않는가? 화사한 불모성 안에서 육체를 서로 얼싸안은 그녀들의 광경은 시인을 꿈꾸게 하고, 즐기게 하고, 노래하게 한다. 이때 시인은, 현혹되었으되 냉담한 눈길을 하고 색욕 때문이 아니라면 달리 그곳에 뛰어들 리 없다.

> 레스보스, 프리네들이 서로 끌어당기는 곳,
> 한숨마다 메아리 되울려 온 곳,
> 파포스와 똑같이 별들도 그대 찬미하니,
> 비너스가 사포를 시샘하는 건 당연지사!
> 레스보스, 프리네들이 서로 끌어당기는 곳…
>
> —〈레스보스〉

레즈비언과 다른 여자들의 관계는 사실, 댄디와 다른 남자들의 관계와 같다. 그래서 그녀의 "다름"이 브라멜과 경쟁자하는 자들[26]의 경우와 마찬가지로, 그 특출한과 현대성을 만들어내는 것이다. T. 바심이 쓰고 있듯이, "레스보스는 보들레르에게, 그가 현재 대표하고 있는 후세대의 거울 속에 비친 과거의 반영이 아니라, 상징의 형태로 표현된 그의 지각 현실을 당당하고 멋지게 드높인 것, 그리고 특히 그의 존재의 외관, 그 의의다." 그러니 시인이 시집 제목으로 처음에 염두에 두었던 것 가운데 하나인 《레스보스의 여자들》을 가볍게 보지 말자. 단순한 도발적 언사 뒤에서, 그는 이 방법으로 그녀들이 처한 소외된 존재의 고독 때문에 찬미받는, 이 "지옥에 떨어진 여자들"을 시인으로서의 처지를 그와 공유하는 진짜 "누이", 진정한 "무한의 탐구자"로 만든 것이다.

그대들의 지옥까지 내 넋이 뒤쫓아 간 그대들,
가련한 누이들아, 연민하는 만큼이나 나 그대들 사랑
[한다,
그대들의 침울한 고뇌 때문, 그대들의 채워지지 않는 갈
[증 때문,
그대들의 넓은 마음에 가득한 사랑 단지 때문!
—〈지옥에 떨어진 여자들〉, CXI

이 "꽃피는 처녀들"이 1846년부터 시인이 꿈꾸던

"연애 미술관"[27]에서 주역을 담당하리라는 것은 의심의 여지가 없다. 아마도 진짜 뮤즈와 우상 대신. 의기소침해져 온갖 거짓 "도취"에서 깨어난 연인이, 그 실망과 고통을 소리 높여 외치는 대상이 과연 그녀들 말고 또 있겠는가?

나는 종종 부탁했지, 사람 속이는 포도주에게.
나를 갉아먹는 공포를 하루 동안 잠재워 달라고.
포도주는 눈을 더 밝게 하고 귀를 더 예민하게 하네!

나는 사랑에서 망각의 삼을 찾으려 했지.
하지만 사랑은 내게 바늘침대에 지나지 않아
이 잔인한 아가씨들에게 마실 피를 주기 위해!

—〈피의 샘〉, CXIII

이 인용문 6행이 속한 소네트는 앞에서 인용한 〈지옥

26 당디들을 말한다.

27 보들레르는 1846년 살롱에 전시된 옥타브 타사에르의 회화 〈바쿠스와 에리고네〉, 〈노예상인〉을 계기로 '연애 미술관'을 착상하여, 연애를 주제로 한 모든 회화를 전시하는 미술관을 꿈꾸었다. 〈1846년 살롱〉, 'V. 연애의 주제와 타사에르 씨에 관하여' 참조.

에 떨어진 여자들〉과 함께, 바로 시집의 제목과 같은 이름 "악의 꽃" 연작에 속한다. 이 책의 연대표에서, 우울한 일상을 확인하는 광경들과, 항의 혹은 마지막 유토피아인 "반항"과 "죽음" 사이의 가교 역할을 하는 연작이다. 그런데 다음과 같은 것을 주목할 필요가 있다. 이 연작의 여성상("순교자", 음란한 아가씨들, 타락한 베아트리체 또는 살육의 비너스) 주변에서 오버랩이나 "가필" 작용으로써, 그녀들을 고취시키는 것 이상으로 그녀들과 "한 몸이 되는" 자, 사탄이 형태를 드러낸다는 사실이다.

> 끊임없이 내 옆에서 **악마**가 움직인다.
> 그는 손에 잡히지 않는 공기처럼 주변을 헤엄친다.
> 그자를 삼키자 나는 느낀다, 폐가 타버리고
> 영원한 죄악의 욕망으로 가득 차는 것을.
>
> —〈파괴〉, CIX

보들레르는 〈현대생활의 화가〉에서 콩스탕탱 기스의 〈여자들과 창녀들〉 크로키를 논평하면서, 욕망에서 죄악으로, 쾌락에서 과오로, **미**에서 **악**으로 직진하는 저 악마적인 자력磁力에 관하여 재론한다.

그녀는 도발적이고 야만적인 우아함을 만들어내기도 했고, 또 얼마간의 요행을 바라면서 보다 높은 사회에서 통용되는 간소함을 노리기도 한다. 받침대이자 균형추 노릇을 해주는 수놓인 치마의 무게를 얻어 그녀는 앞으로 나아가고, 미끄러지고, 춤추고, 돈다. 그녀는, 액자 안에 있는 초상처럼, 모자 아래서 눈길을 던진다. 그녀는 문명 속에 있는 야성野性을 훌륭하게 대표한다. 악으로부터 그녀에게로 온 그녀가 지닌 아름다움은, 언제나 정신성은 없지만 때로는, 우수의 역할을 하는 피로의 기색을 띤다. 그녀는 맹수처럼 시선을 지평으로 향한다. 그와 똑같은 착란, 똑같은 무기력한 방심 상태, 그리고 또, 가끔씩, 똑같은 주의력의 집중.

그리고 보들레르는 조금 뒤에서 다음과 같은 마지막 고백과 토로를 덧붙인다.

G. 씨의 이러한 작품들 속에서 (…) 만나게 될 것은 피할 수 없는 악덕, 다시 말해 어둠 속에 매복해 있는 악마의 시선, 또는 가스등 아래서 어른거리는 메살리나의 어깨 말고는 없다. 순수한 예술, 다시 말해 악의 특수한 미, 소름끼치는 것 속에 있는 아름다움밖에는.

유혹 중의 유혹, 수많은 인공수단 중의 "화장"이며, 잃어버린 이상성의 가짜 "대용품"이 모두 그럴듯 사랑스럽고도 경멸할 만한 이 이중의 칭호를 가진 여자는, 예술과 존재에 걸린 본질적인 문제에 "무서울 정도로" 가까이 있다. 여자는 과연, 정열의 시련 속에서, "마지막" 두 가지 질문을 던지고 강요한다. "악" 이외의 다른 "꽃", "**죽음**" 이외의 다른 동반자가 존재하느냐고.

8. "'지옥'인들 '천국'인들 어떠랴… " 《악의 꽃》의 "여자의 세계mundus muliebris"에서는 꿈같은 창조물들이 종종 꿈속의 창조물들과 하나가 되고, 유혹이 페티시즘과 나란히 있기도 하고, 감각의 방탕이 예술과 **감각**의 "밑그림"으로서 정당화된다. 따라서 이 세계는 변장과 가장의 또 다른 1인자인 사탄의 우주에 매우 익숙하다. 사탄은 타락 천사이지만, 그의 항변의 힘과 소외된 존재로서의 힘 자체로 볼 때 최고의 댄디다. 시인은 시집 제5부에서 극히 자연스럽게 그에게로 향한다. "인공낙원"의 깊이 모를 심연의 탈진케 하는 시련에 홀닥이고, 그를 "끊임없이 고통 속에서 재탄생"(피에르 에마뉘엘)케 하는 것이 유일한 장점인 저 여자들에게 깊이 상처받아, 외침의, 저주의, 신성모독의 유혹에 굴하는 것이다. 영벌 받은 위

대한 자, 숭고한 유배자는 몇 편의 불경한 "성가"에서, 부서진 육신과 넋으로부터 나오는 쓰라린 "연도連禱"를 받아내는 최후의 존재가 된다.

오 그대, **천사** 가운데 가장 박식하고 가장 아름다운 자,
운명에 배반당하고 찬양을 빼앗긴 신이여.

오 사탄이여, 나의 오랜 비참을 불쌍히 여기시라!

오 유적의 왕자여, 박해당하고, 패배하여도,
언제나 더욱 강하게 다시 일어서는 자,

오 사탄이여, 나의 오랜 비참을 불쌍히 여기시라!

모든 것을 아는 그대, 지하세계의 위대한 왕,
인간의 고뇌를 익히 아는 치료사여,

오 사탄이여, 나의 오랜 비참을 불쌍히 여기시라!

—〈사탄 연도〉, CXX

온 힘을 다하여 모독적인 언사로 "행동이 꿈의 자매가 아닌 세상"(〈성 베드로의 부인否認〉, CXVIII)을 부인하는 보

들레르는, 자멸적 도전 태도로 악마의 "**기도**"로써 도발을 서슴지 않는다.

그대에게 영광과 찬양 있으라, 사탄이여,
그대가 지배했던 **하늘** 높은 곳에서도, 패배하여
침묵 속에 꿈꾸는 **지옥** 깊은 곳에서도!
내 넋이 어느 날, **지혜의 나무** 아래서,
그대 곁에 쉬게 하시라, 그대 이마 위에서
새로운 **신전**처럼 그 가지들 뻗어나갈 그때!

—〈사탄 연도〉, CXX

《악의 꽃》은 결국, 이미 권두를 장식한 또 하나의 "기도"에 한마디 한마디 대꾸하면서, 파우스트에 가까운 이 태도로 끝날 수도 있었을 것이다.

— 축복 받으소서, 나의 신이여, 당신이 주는 괴로움은
우리의 부정不淨을 씻는 영약과도 같고,
강자들을 신성한 일락에 대비케 하는
가장 훌륭하고 가장 순수한 정수와 같습니다!

나는 압니다 당신이 **시인**을 위해

신성한 **군단**의 행복한 대열에 자리 마련하심을,

그리고 그 시인을 영원한 향연에 초대하여,

좌천사, **역천사**, **주천사**들과 동석하게 하심을!

—〈축복〉, I

번민하는 신을 관조하고 반역하는 사탄에게 매혹되는 보들레르는 이 두 가지 행위 사이에서, 종교적 감정이 종교를 대신하고 시적 정신성이 참된 신비주의를 대신하는 명상의 온갖 양상을 펼쳐놓지 않았던가? 그러나 신과 사탄이 "그의 몽상의 양극단"이라는 사르트르의 말을 진심으로 믿는다 해도, 다음과 같은 사실은 인정하자. 사람들은 "신학적" 이원론 속에 그를 가둬놓고 때로는 위대한 개종자로 때로는 저열한 신성모독자로 만들고자 했지만, 궁극적이고 놀라운 "방책"에 따라 움직인 그의 책은 이러한 이원론을 훌쩍 넘어선다는 것을.

타락천사도, "숨은 신"도《악의 꽃》의 저자에게는 결정적인 구원자나 속죄자가 아니다. 그리고 그토록 많이 해설된 그의 악마주의도 우리가 보기에, 정통성이 별로 없는 그의 신앙과 마찬가지로 글자 그대로 받아들일 필요는 없다. 피에르 장 주브는《보들레르의 무덤》에서, "시인은 악마적인 것을 밝혀내는 길을 통해서가 아니라면 그의 마음을 사로잡는 **본질**을 경건하게 사랑할 수 없다"고 말할 때 이것을 매우 분명하게 이해했다. 달리 말하면, 그에게 악마주의의 속임수가 있는 것은 신성神性이 불가능하다는 것도 있기 때문이다. 그리고 시집의 마지막 시행과 시편들은 고르디우스의 매듭을 잘라내는 것과는 거리가 멀고, 난해한 양자택일의 항목을 표현 가능한 극한으로 미뤄놓을 따름이다.

'죽음' 시편의 여섯 작품이 '반항' 시편의 분노와 절망 "시나리오"를 초월하게 해준다 해도, "마침내" 은총 가득한 세계에 도달했다고 믿게 만들 수도 있는 어떤 시구들의 어조에도 불구하고 "천복"이라는 해결을 내세우는 일은 전혀 없다.

> 위안을 주는 것은 **죽음**, 아! 살아가게 해주는 것도.
> 그것은 삶의 목표, 그리고 유일한 희망,
> 묘약과도 같이 우리를 고양시키고 취하게 하며,
> 해질 때까지 걸어갈 용기를 준다.
>
> —〈가난뱅이의 죽음〉, CXXII

> 그리고 잠시 후 어느 **천사**
> 반쯤 문을 열고 들어와, 미덥고 신명나게,

빛바랜 거울과 사그라진 불꽃을 되살려내리.

—〈연인들의 죽음〉, CXXI

죽음이 마지막 희망일 수 있다고 상상하기는 어렵다. 죽음은 권두에서부터 커다란 숙명이었고 시의 의식과 언어를, 그것들로 표현할 수도 감당할 수도 없을 정도로 많은 폐허와 시체로 뒤덮었기 때문이다.

나의 머릿속은 피라미드, 거대한 지하 납골당,
공동묘지보다 많은 주검을 품고 있다.
— 나는 달도 몹시 꺼리는 묘지,
긴 행렬의 구더기가 회한처럼 기어 와
어김없이 나의 가장 소중한 주검들을 덮친다.

—〈우울〉, LXXVI

그러니 나의 잔해를 거쳐 회한 없이 가거라,
그리고 말해다오, 아직 얼마간 형벌이 남아있는지
넋도 없는 이 늙은 육신, 주검들 중의 주검에게!

—〈유쾌한 주검〉, LXXII

그러나 이 마지막 시들에서 보들레르는, 죽음의 그림

자가 어른거리지 않을 때도 죽을 지경이었던 그의 일상의 도정 속에서 정말이지 결코 그를 떠나지 않았던 악몽 같은 이미지와 병적인 강박관념을 없애버리려고 하는 것이 사실이다. 존재와 사물의 돌이킬 수 없는 쇠퇴 과정을 환기한 다음, 이 지상의 낙담과 치욕을 갚아주는 반反세계가 될 수 있는 "무덤 저편"의 이미지를 이것과 대치시키지 않는가? "사망기사"가 공상 〈여행〉의 "광고"처럼 노래될 수는 없을까. 그 나라에서는 옛날의 결핍과 실패가 기적적으로 씻겨나가고, 대신 정신과 감각의 마술적 향연으로 탈바꿈할 것이다.

> 우리는 **암흑**의 바다에서 배를 타리라
> 젊은 승객의 들뜬 마음으로.
> 들리는가 매혹적이고 음산한 이 목소리가
> 노래하는 것이. "이쪽으로 오라! 먹고 싶을 테니
>
> 향내 나는 로터스! 여기서 수확되는 것은
> 그대들 마음이 갈망하는 기적의 과일.
> 와서 취하려무나, 끝날 줄 모르는
> 이 오후의 기묘한 다사로움에!

—〈여행〉, CXXVI

아름다운 소네트 삼부작 CXXI, CXXII, CXXIII[28]에서, 시인은 속죄와 카타르시스라는 똑같은 약속에 고양된 것처럼 보인다. "연인"은 어느 커플에게나 내재하는 분열을 죽음의 "유일한 섬광"이 해소해 주기를 기대한다. "가난뱅이"는 "먹고, 자고, 앉을 수 있는" 다른 세상에서 궁핍과 불공정이 보상되기를 기대한다. 마지막으로 시인은, 질시하거나 증오에 찬 사회로부터 "영벌 받고 불명예의 낙인이 찍힌 모든 예술가"를 무덤 저편의 유토피아로 불러 모아, 단 하나의 희망을 되풀이 말한다.

그것은 **죽음**이 새로운 태양과도 같이 날아서,
그들 두뇌의 꽃들을 피어나게 하리라는 희망!

—〈예술가들의 죽음〉, CXXIII

여기에 기독교의 천국에 대한 어렴풋한 기억, 또는 보다 포괄적으로 말하면, 예컨대 포나 스베덴보리의 영향을 받은 윤회사상이 있다는 것을 어찌 인정하지 못하겠는가? 그러나 그러한 가상이 옹색하다는 것 또한 어찌 외면하겠는가. 이 가상은, 현실에 항상 존재하는 고

28 〈연인들의 죽음〉, 〈가난뱅이의 죽음〉, 〈예술가들의 죽음〉.

뇌를 지어낸 말로 가리는 역할밖에 못 한다면 고생스러운 것이고, "복수심에 불타는" 이 욕구나 이 도발 말고는 아무 의미가 없다면 하찮은 것이 되기 때문이다. 이런 식으로 보들레르를 의심하면 그의 시집을 잘못 읽게 되고, 책의 "피날레"에서 그가 내놓는 결정적인 말을 가리게 된다. 그러한 관점에서 시인이 오랫동안 염두에 두었던 시집의 또 다른 제목《지옥의 변경Les Limbes》의 선택은, 우리가 그의 마지막 시들을 보다 잘 이해하도록 길잡이가 되어준다. "지옥의 변경"이란 무엇인가? 올바른 사람들의 넋이 부활을 기다리는 "대기실" 혹은 "죄 없는 사람들"이 누리는 영원한 평안이다. 어쨌든, 영벌의 지옥도 아니고 존재할 수 없는 천국도 아닌, 기독교 신화의 불확실한 이 장소가, 괴로움으로 가득 찬 이승 전부와 도달할 수 없는 "저 높은 곳" 전부에 동시에 맞서는 "찾기 힘든" 다른 곳을 나타내는 매혹적인 이미지로 표현될 수 있었다는 것을 알 수 있다. 지옥의 변경을 꿈꾸는 것은 사실, 밀턴의 천국과 단테의 지옥을 똑같은 시적 "경멸"로 바라봄으로써 어느 한쪽을 편들지 않는 것이다. 둘 다 공허한 희망이거나 공포의 낡고 진부한 표상이므로 배제한다. 무덤 저편에서 무덤 저편을 통해서 구원이 있는 것이라면, 그것은 시 언어로써 가까워진 무덤 저편이, 인식과 현실의 모든 결합을 무의미하게 만들 만큼 철저한 **미지의 것**의 현기증 나는 약속을 (시인에게) 제공하는 범위 내에서만 가능하다.

"**미지의 것**", 바로 이것이 "새로운 것"과 함께 보들레르의 마지막 시편들에 자주 나오는 키워드다. "미지의 것"은 CXXII번 소네트의 마지막을 장식한다("이것은 *미지의* **천국**으로 열린 주랑!"[29]). "새로운 것"은, 이미 보았듯이, 예술가들의 죽음에 대하여 형용모순의 각운을 담당한다("그것은 **죽음**이 *새로운* 태양과도 같이 날아서…C'est que la Mort, plannant comme un soleil *nouveau*…"). 그리고 두 단어 모두 시집 최후의 알렉상드랭에서 메아리로 재등장한다. "**미지의 것** 깊숙이, *새로운 것*을 찾기 위해!" 그런데 이 마지막 시구, 그리고 보다 총체적으로 보면, 이 시구로 끝나는 〈여행〉 제8부의 두 4행시는 그 이전 텍스트의 발상과 근본적인 단절이 없이는 나오지 못한다는 사실, 이것은 아무리 강조해도 충분치 않으리라.

> 오 **죽음**이여, 늙은 선장이여, 때가 왔다! 닻을 올리자!
> 이 고장은 지겹다, 오 **죽음**이여! 떠날 채비를 하자!

29 〈가난뱅이의 죽음〉.

하늘과 바다가 잉크처럼 검어도,
그대가 아는 우리 가슴은 빛으로 가득하다!
우리에게 그대 독을 부어 기운을 북돋워 다오!
그토록 이 불이 우리 뇌수 불태우니, 잠기고 싶다,
심연 깊숙이, **지옥**인들 **천국**인들 어떠랴?
미지의 것 깊숙이, *새로운 것*을 찾기 위해!

—〈여행〉, CXXVI

같은 시 제7부에서 여전히 벌충 또는 축출만 문제되었던 것에 비하면 관점이 얼마나 변했는가. 이제는 일상의 하찮은 것들 대신 숭고한 "그 무엇"을 가져올 무덤 저편이 더 문제된다. 이 여덟 행 시구에 나타나는 최후의 출범 준비는 "박력 있는" 죽음의 위력으로 이뤄진다는 것이 주목할 만한데, 아직은 보이지 않는 것을 향한 단순한 비상, 단순한 긴장상태로만 그려지고 승인된다. 이것은 나중에 《파리의 우울》의 한 작품 〈이 세상 밖이라면 어디라도… Anywhere out of the world…〉가 격렬한 요구 속에서 재차 말하게 될 것이다. 조금 전에도 시인은, 시간의 거울 반대편으로 이미 가버린 "필라데스들" 또는 "엘렉트라"의 "매혹적이고 음산한" 목소리에 귀 기울이고 있었다. 이제부터 그가 듣고자 하는 말이 있다면, 그것은 무시무시한 미지의 〈목소리〉다. 이 목소리 역시 1861년의 훌륭한 텍스트(1866년《파르나스 콩탕포랭》에 보들레르가 기고하게 되는 작품들 가운데 하나)[30]가 **대지**의 "기만적인" 능변을 상대하는 시인의 단호한 대화에서 들려준다.

> 그리고 또 하나의 목소리. "오라! 오! 꿈속으로 여행하러 오라,
> 가능한 것 저 너머로, 알려진 것 저 너머로!"
> 그 목소리는 모래사장에 부는 바람처럼 노래했고,
> 어디서 오는지 모르는, 구슬피 우는 유령처럼,
> 귀에 감기지만 오싹한 느낌을 준다.
> (…)
> 하지만 **목소리**는 나를 달래면서 말한다. "네 꿈을 간직해.
> 현자들은 미치광이만큼 아름다운 꿈이 없거든!"
>
> —〈목소리〉

보들레르는 이렇게 삶의 여정 끝에서 죽음이 지닌 놀랄 만한 시적 진실을 발견한다. **무**가 될 위험을 무릅쓰

30 〈목소리〉는《악의 꽃》재판 인쇄 기간에 작성되어서 시집에 실리지 못하고, 잡시편에 속하는《새 악의 꽃》에 실리게 됐다.

고 **전부**를, **미지의 것**의 위협을 무릅쓰고 **새로운 것**을 기약하는 것이다. 그가 그 "기슭"에 머물러있었고 "심연 깊숙이" 내려가는 것을 묘사하지 않았다 해도 그것은 중요하지 않다. 그에게 자살은 결국 꿈이다. 사실 시적 몽상만이 그 무한한 전개의 광적인 예지로 내세의 모든 가능성을 마련하기 때문이다. 인내심 강한 보들레르, **서두르지 않는 사람** Cunctator 보들레르는 시작詩作 계획과 욕구의 절박함 속에서만 자신의 참된 내세의 삶이 있다는 것을, 그리고 "지옥의 계절"의 육체적 형이상학적 시련보다는, 그것이 아무리 환상적이거나 기적적인 현실 또는 초현실이라 해도 그 안에서 일어나는 꿈의 자살보다는, 끝없는 명상의 현기증이 더 바람직하다는 것을 너무나 잘 안다. "심연 깊숙이" 내려간 랭보나 로트레아몽 같은 시인이, 발설했던 요구를 더 나중으로 미루는 것밖에 할 수 없고 지옥을 떠돌다 결국 다른 지옥을 꿈꾸게 될 때면 명확해질 것이다.

시인이 아닌 어느 누가《악의 꽃》저자가 해낸 죽음의 이 "창출"이 갖는 존재론적 무게를 손상시키는 험담이 아닌 말로 이해하고 설명할 수 있었겠는가? 우리의 고찰을 마무리하면서, 1958년에 있었던 이브 본푸아의 빛나는 강연 〈시의 행위와 장소〉를 재독해 보자. 여기에서 그는 보들레르가 우리의 현대성에 가져온 이 "유익한" 선물에 대하여 말한다.

> 나는 진심으로 말할 수 있다. 이렇게 죽음을 피할 수 없는 것에 최고의 가치를 부여하고, 존재를 죽음의 지평에 일으켜 세움으로써, 보들레르는 죽음을 창출한다. 이때 그는, 죽음은 라신이 비밀리에 좋아하던 **관념**의 저 단순한 부정이 아니라, 존재의 있음이 지닌 심오한 양상, 어떤 의미로는 존재의 유일한 현실이라는 것을 이해했다고 나는 생각한다. 그리고 보들레르는 이 절대적 외부를, 말의 유리창에 불어 닥치는 이 상풍을, 모든 죽음이 신성시한 *여기*와 *지금*을 시에 표현하려고 노력하게 된다.
>
> (…) 보들레르는 더 많은 것을 했다. 나는 그가 죽기로 — 자기의 몸 안에 죽음을 불러와 죽음의 위협을 느끼면서 살아가기로 했다고 생각한다. 그것은 말의 한계점에서 발견한 구름떼를 자신의 시 안에서 보다 잘 포착하기 위해서다. 죽은 자, 여기 그리고 지금 속에서 이미 죽은 사람인 보들레르는, 더 이상 여기 그리고 지금을 묘사할 필요가 없다. 그는 그 안에 있고, 그의 말이 그것들을 내보낸다.

(…) 놀랄 정도로 정확하게 그가 말했듯이, 그것은 *새로운 태양*이다. 이제 그의 작품의 박명 속에서 그 태양의 광선을 따라갈 수 있을 것이다. — 하지만 그가 그 태양을 완벽하게 알고 싶어 하지 않았거나 굳이 알려고 하지도 문제 삼지도 않았고, 오히려 그것을 일종의 수수께끼, 영원히 잃어버린 비밀, 그리고 하나의 회한으로 받아들인다는 것을 주목하는 편이 낫다. 나는 이것을 의심하지 않는다 — 그리고 내 연구의 중심에서 이런 말로 표명하고 싶다. 보들레르는 존재하는 것 깊숙이에서, 그 죽음 속에서 그리고 그것이 죽기 때문에, 그 새로운 태양이 우리의 구원이 될 수 있음을 예감한 것이다.

제4장 《악의 꽃》의 시학

보들레르는, 많은 낭만주의 선배들이나 랭보, 베를렌, 말라르메 같은 그의 후계자들과는 달리 시의 이론을 명시적으로 표명한 적이 결코 없다. 적어도 대원칙들과 기본 신조를 정식으로 그러모아 텍스트로 만들지는 않았다. 동시대인, 예를 들어 들라크루아, 위고, 고티에 또는 방빌 같은 사람들의 미학에 대한 평가에서 더욱 그 자신의 시학 원리들을 다시 한번 찾아봐야 한다. 특히 그의 시 자체를 검토해야 한다. 그의 시는, 불안과 발견으로 점철된 인생행로의 굽이마다 시에 관하여 우리에게 말해주기를 마다하지 않고, 자신에 관하여, 우리에 관하여도 결코 중단 없이 이야기하기 때문이다.

1. 고전주의의 유산 폴 발레리는 〈보들레르의 위치〉라는 제목의 유명한 강연에서 《악의 꽃》의 문체에 관하여 이

렇게 진술했다. "보들레르의 문제는 따라서, 이렇게 제기될 수 있었다—아니 그래야 했다—: '위대한 시인이 될 것, 하지만 라마르틴도, 위고도, 뮈세도 아닐 것'." 달리 말하면 낭만주의 시인들과는 다른 경로를 택하는 천부적 시인이라는 것이다. 낭만주의는 보들레르가 시집을 퇴고하는 10년 동안 그 한계를 드러내 "반동파"의 심한 공격에 노출되어 있었다. 《악의 꽃》 저자가 다른 방식으로 현대성의 가장 다산적이고 가장 험난한 경로들을 "반동적"은 아니지만 보수적인 시학의 앞길에 열어놓았다고 해서, 이것만으로는 현대성의 여명기에 역설적으로 그를 늦깎이 신고전주의자로 만들기에 역부족이다. 그러나 많은 분야에서, 특히 운율법과 리듬 분야에서 그가 위대한 고안자기 아니었다고 단언하는 것이 그의 재능을 손상시키지는 않는다.

형식에 관한 보들레르의 이 명백하게 신중한 태도를 설명할 수 있는 이유는 여러 가지가 있다. 중학교와 고등학교에서 받은 그리스·라틴의 고전교육은 그에게 필연적으로 라틴 육각시六脚詩를 열심히 실천하도록 이끌었고 부알로 같은 작가의 신조나 라신 같은 시인의 걸작에 감탄하도록 가르쳤다. 이러한 교육 때문에, 1863년 들라크루아에 관한 평론에서 프랑스 고전주의 시학의 위대한 창시자에 대한 진심 어린 열광을 이렇게 고백하기도 한다. "언제나 격하기 쉬운 감수성 강한 기질의 한 시인이, 종합적이며 선율이 엄격한 말레르브의 시구 한 줄로 오랫동안 황홀경에 빠지는 것을 나는 알고 있다."[31] 이러한 의미에서 에드거 앨런 포의 〈작문의 철학〉(1845)과 특히 〈시의 원리〉(1850) 같은 몇몇 작품을 오랜 기간 애독한 결과가 그의 표현법에 미친 확실한 영향도 이유로 내세울 수 있다. 그는 〈시의 원리〉의 몇 개 문장을 자기 것으로 삼아("내가 포의 책을 처음 펼쳤을 때, 나는 … 내가 생각했던 문장들을 발견했다!") 전부 그대로, 1859년에 테오필 고티에에 관하여 쓴 그의 논평에 옮겨 쓰고 나서 이렇게 결론짓는다. "테오필 고티에의 문체에는 사람을 매료하고 놀라게 하는 정확함이 있는데, 그것은 도박에서 심오한 수학적 지식이 만들어내는 저 기적을 생각나게 한다. 내가 아주 젊은 시절 처음으로 시인의 작품을 맛보았을 때, 정확하게 배치된 터치, 정공으로 가해진 일격의 감각에 몸을 떨었던 일, 감탄으로 내 안에 일종의 신경 발작이 일어난 일이 생각난다. 조금씩 나는 완벽함에 익숙해졌고, 넘실거리며 빛나는 이 아름다운 문

31 〈외젠 들라크루아의 작품과 생애〉.

체의 움직임에 몸을 맡겼다…" "정확", "완벽", "엄격", 심지어 "수학적" 같은 낱말은 고전주의 전통에서 이어받은 것이다. 보들레르는 이 단어들을, 단지 글쓰기 차원에서, 숙련과 지성을 향한 저 의지의 보증으로 망설임 없이 채택한다. 제1장 첫머리에서 우리는 이러한 의지가 그의 미학 전체를 이해하는 데 얼마나 결정적인지 보았다.

그런데 이 고전주의 유산의 무게가 보들레르 작품에서는 본질적인 것인 만큼, 의식적으로 도입되고 강력히 요구된다. 〈1859년 살롱〉에서 보들레르는 이렇게 말한다. "모든 수사학과 운율법은 자의적으로 창안된 질곡이 아니라 정신체의 조직 자체가 요구하는 법칙의 집합이라는 것이 확실하다. 그리고 운율법과 수사학은, 독창성이 확연히 생겨나는 것을 방해한 적이 결코 없다. 오히려 그 반대다. 그것들이 독창성의 개화에 도움을 주었다는 것이 무한히 진실에 가깝다." 이처럼 《악의 꽃》 저자가 운율법의 관점에서, 페트뤼스 보렐, 자비에 포르느레 같은 낭만주의 군소 작가 몇 사람이 보여준 참신함에 비하여, 아니면 단지 고전주의의 저 "알렉상드랭이라는 덩치 큰 멍청이"의 "해체" 효과를 초래한 빅토르 위고와 비교해 봐도, 뒤처졌다는 것에는 의심의 여지가 없다.

매우 절도 있는 운율법 신봉자인 보들레르는 거의 항상 8음절, 10음절, 12음절 사용에 그친다(실제로 〈여행에의 초대〉에서만 홀수 운율을 단행한다). 독창성이라면 전통적인 음의 중간휴지를 자주 무시하는 정도다. 말라르메가 유사한 운율과 시절詩節로써 행한 것과는 달리, 그의 통사법 역시 앙리 페르의 말대로, "산문에 바싹 다가갈" 만큼 매우 "정중"하고, 그가 구사하는 자르기, 걸치기, 보내기 효과도 분량이 매우 제한적이며 과격함에서는 몹시 조심스러운 단계에 머물러 있다.

보들레르는 원칙에 따라 시구의 주요 상세를 각운에 주기 때문에, 각운이 풍부하고, 잘 다듬어지고, 가끔은 기발한데("기생충", "수연통", "섬망", "물의 요정", "향초香草" …), "숨이 짧"고(J. 프레보) 템포가 상당히 느린 이 시인의 리듬 역시 파격과는 거리가 멀고, 보통은 질문 던지기, 대조, 균형 잡기 같은 음성효과에 따른다. 시절이나 시 형식에서도 과감성은 전혀 없다. 보들레르가 몇 가지 낡은 형식을 일신하고 몇 가지 "롱사르 풍으로 만드는" 구조를 변혁한다 해도, 선호하는 분야는 평운으로 된 절도 있는 4행시와 양질의 전통 소네트가 될 것이 분명하다. 비약보다는 엄격함과 간결함으로 이뤄진 그의 재능은 이리한 형식에 무조건적인 애착을 갖게 된다. 1860년

아르망 프레스에게 보낸 편지가 이것을 증명한다. “형식이 구속력을 갖기 때문에 관념은 더욱 강렬하게 솟아납니다. 소네트에는 모든 것이 어울립니다. 익살도, 갈랑트리도, 정열도, 몽상도, 철학적 명상도. 여기에는 금속의 아름다움과 잘 다듬어진 광석의 아름다움이 있습니다.”[32] 《악의 꽃》에는 엄밀한 의미에서 “마로 풍” 소네트가 네 편밖에 없고(〈이국의 향기〉, 〈그러나 흡족지 않았다〉, 〈홀린 남자〉, 〈모욕당한 달〉), 거두절미하고 “돌입”하는 취향으로 “셰익스피어 풍”이기도 한 보들레르는 고전적인 전통 형식을 바탕으로 몇 가지 변주를 감행한다. 〈고양이〉나 〈음악〉에서는 운율을 혼합하거나, 〈여기서 멀리〉에서는 시절의 순서를 바꾸거나, 아니면 보다 대담한 경우 《새 악의 꽃》의 한 편인 〈경고하는 자〉에서처럼 시절의 교차배열 방식에 따라 소네트 전체를 재구성하는 식이다. 게다가 이 〈경고하는 자〉는 여러 가지 이유로 그가 쓴 시 가운데 가장 흥미로운 작품의 하나다.

인간이라는 이름에 걸맞은 자는 누구나
가슴 속에 누런 뱀을 키운다,
왕좌라도 되는 듯 틀고 앉아,
“하고 싶다”고 말하면 “안 돼”라고 하는 놈.

자연의 정령들이나 **물의 요정**들의
물끄러미 응시하는 눈을 들여다보라,
그러면 **이빨**이 말한다, "네 의무나 생각해!"

자식을 낳아라, 나무를 심어라,
시구를 연마해라, 대리석을 새겨라,
그러면 **이빨**은 말하지. "오늘 저녁까지 살아있겠냐!"

무엇을 구상하거나 희망을 품은들
인간은 한시도 살지 못한다
그 넌더리 나는 독사의
경고를 따르지 않고서는.

이 맥락을 보면, 《악의 꽃》 저자를 1850-1865년의 "조형파", "형식파", 또는 다른 "고답파" 그룹에 연결시키는 실질적 유사성에 대하여 자문해 볼 수 있다. 앙리 마르티노가 평론 〈고답파와 상징주의〉에서 환기시키고 있는 것처럼, 1860년 무렵 문학 대중 일부에서는 누구나 실제로 시집 《악의 꽃》을 "**예술파**의 가장 전형적

32 1860년 2월 19일 편지.

인 표명 가운데 하나"로 읽었다. 그로부터 얼마 후 보들레르가 바로 그 "순수예술" 옹호자들, "파멸"하는 중인 저 "이교파"에게 보내는 조롱 섞인 신랄함을 보면,[33] **미**의 개념과 **시**의 목적에 대한 미학적인 이중의 오해에서 비롯되는 이런 종류의 혼합은 오늘날 실소를 부를 수 있다. 그렇다 해도 그러한 오해가 있었던 것은, 보들레르가 곳곳에서, 어떠한 양보도, 다시 말해 어떠한 타협도 거부하지 않았기 때문이다.

《악의 꽃》의 아첨하는 헌사에 굳이 주석을 달 필요는 없다. 이 헌사는 온전히 의미 있고 진지한 것이 되기에는 과장이 너무 심하다. "완전무결한 시인, 프랑스 문학의 완벽한 마술사, 매우 소중하고 대단히 존경하는 나의 스승이자 친구 테오필 고티에에게, 진심에서 우러난 겸손의 감정으로 이 병든 꽃들을 바친다. C. B." 이보다 훨씬 흥미롭고 의미 있는 것은 오히려, 1861년에 시인이 시집 재판再版에 싣기 위해 쓴 "서문" 초고들이다. 이 초고는 1857년 여름 소송 때 그를 공격한 판사, 저널리스트, 비평가들에게 응수하기 위한 것이었다. 거기에서는 무엇을 보게 될까? 우선 "문체"와 "문학에 관한 고전적 개념들"에 대한 열렬한 옹호와 입증이다.

아름다운 문체를 열정적으로 사랑하는 사람이 군중의 증오에 노출된다는 것을 나는 안다. 그러나 남들의 어떠한 이목도, 어떠한 가짜 수치심도, 어떠한 동맹도, 어떠한 보통선거도 이 시대의 비길 데 없는 방언을 말하라고 내게 강제할 수도, 잉크와 미덕을 혼동하라고 강제할 수도 없을 것이다.

유명한 시인들이 오래전부터 시 영역의 가장 융성한 지역을 나눠 갖고 있었다. 나로서는 *악에서 미*를 뽑아내는 것이 즐겁고 그것이 어려운 일인 만큼 더욱 기분 좋게 여겨졌다. 본질적으로 무용하고 절대적으로 무고한 이 책은, 내가 즐기고 난관에 대한 나의 열렬한 의욕을 실행하는 것 이외의 목적으로는 만들어지지 않았다.

어떤 사람들은 나에게 이 시들이 해를 끼칠 수 있다고 말했지만, 나는 그런 일로 기뻐하지 않았다. 또 다른 사람들, 선량한 사람들은 이 시들이 선행을 할 수 있다고 말했는데, 이것이 나를 상심케 하지 않았다. 한편의 두려움과 다른 편의 기대는 똑같이 나를 놀라게 했고, 그 덕분에 나는 이 시대가 문학에 관한 모든 고전적 개

33 보들레르가 이른바 '순수예술'을 비판하는 〈이교파〉를 발표한 것은 1852년 1월의 일이다. 따라서 랭세가 시차의 오류를 범한 것으로 보인다.

념을 잊어버렸다는 사실을 다시 한번 깨닫게 되었을 뿐 이다.[34]

다음은 규범과 원칙 모음이다. 보들레르는 "현대의 불빛 때문에 완전히 어두워진" 전통에 대한 애착을 한껏 되뇐다.

— 리듬과 각운은 인간의 내면에 있는 단조로움, 대칭, 놀라움에 대한 불멸의 욕구에 응답한다는 것.[35]
— 프랑스 시도, 라틴어와 영어처럼, 신비하고 알려지지 않은 운율법을 소유한다는 것.
— 단어 하나하나가 얼마만큼의 각운을 내포하는지 정확히 알지 못하는 시인은 왜 어떤 관념을 표현할 능력이 없는지.[36]

이 설명은 물론 "변명 같은 느낌"(H. 마르티노)이 나고, 방빌, 르콩트 드 릴, 고답파 시인들의 시집이 당시 대중적 성공을 얻는 데 자양이 된 유행 이론들에 대한 수상쩍은 찬동으로 보일 수 있다. 그렇지만 이 말을 단순히 시류에 편승한 선언으로 폄하할 수는 없다. 이보다 적어도 십여 년 전에 쓴《악의 꽃》의 어떤 시들이 일찍이 그것을 설득력 있게 입증한다는 사실만으로도 그렇다. 〈아름다움〉 같은 소네트의 조형미학적, 형식미학적 발상은 그만큼 선명하다.

더없이 당당한 기념비에서 빌려온 듯한
나의 드높은 자태 앞에서 시인들은,
준엄한 연구로 나날을 탕진하리라.

나는 저 온순한 연인들을 홀리기 위해,
모든 걸 더 아름답게 만드는 맑은 거울 가졌으니.
나의 눈, 영원한 빛 지닌 나의 큰 눈을!

XXIV번 작품의 10행시가 덜 알려졌기는 해도, 이 시의 흥미롭고 아이러니한 변이형variante을 보여준다.

나 그대 밤의 궁륭만큼 흠모한다,
오 슬픔 단지여, 오 과묵한 키다리 여인이여,
그래서 더욱 사랑한다, 어여쁜 이여, 그대가 내게서 도

34 《악의 꽃》을 위한 〈서문〉 초고 II.
35 《악의 꽃》을 위한 〈서문〉 초고 II.
36 《악의 꽃》을 위한 〈서문〉 초고 III.

[망치니,

그리고 그대, 매일 밤의 장식이여, 아이러니하게도
내 두 팔을 푸른 무한공간에서 떼어놓는
거리를 늘리는 것처럼 보이니 더욱.

나는 전진하여 공격하고, 기어가서 덮친다,
시체를 따라가는 구더기 떼처럼
또한 무척 아낀다, 오 무정하고 잔혹한 짐승이여!
그대를 더욱 아름답게 만드는 그 냉정함마저!

그리고 XXVII번 소네트는 말할 필요도 없다. 어쩌면 이 소네트의 발상원은 잔 뒤발일 테지만, "나전 칠보", "자수정" 또는 "전리품"으로 만들어진 저 순수시의 찬란하고, 낡아빠지고 "쓸데없는" 장식품을 자기 방식으로 전시하는 흥미로운 쇼윈도이다.

물결치는 진주모빛 옷 걸치고,
그녀는 걸을 때도 춤추는 것 같다
신성한 곡예사들이 막대 끝에
장단 맞춰 흔드는 저 긴 뱀처럼.

인간의 고뇌에 하나같이 냉담한
사막의 음울한 모래와 창공처럼,
바다의 넘실대는 긴긴 그물처럼,
그녀는 무정하게 몸을 펼친다.

윤나는 그 눈은 매혹적인 광석 되어,
이 기묘하고 상징적인 자연에서
무구한 천사가 고대 스핑크스와 섞이고,

있는 것이라곤 금, 강철, 빛, 다이아몬드,
무용한 별처럼, 영원히 반짝이는 건
생식력 없는 여자의 차가운 위엄.

그렇다고 착각하지는 말자. "너울거리는" 수사법에 대한 보들레르의 이 편애(〈명상〉, 〈시테르 섬으로의 출항〉, 또는 〈축복〉 같은 유명한 시에서도 항상 빠지지 않는다)는 그의 표현법이나 문채 몇 가지(대조법, 중복법, 의인화, 웅변식 질문)에서 보이는데, 이것은 시에 관한 일방적인 편견에서 비롯되는 것이 아니다. 그에게서 기질상의 고전주의로부터 직업상의 아카데미즘까지는 큰 격차가 있다… 그리고 우리는 〈관습적 문학형식의 문체론 연구〉에서 이 편애에 대한 정교한 분석을 내놓는 M. 리파테르의 견해에 전적으로 동의한다. 대체로 "이 관습적인 기호는 대조를 통해, 관습적이지 않은 기호의 힘을 증대시킨다"고 그는 말한다.

2. "시의 원리로서의 충격" 보들레르는 샹플뢰리, 뮈르제르, 피에르 뒤퐁, 쿠르베, 그 밖에 점잖지 못한 반순응주의와 당돌한 환상을 뒤쫓는 많은 사람들과 함께 《해적-마왕》지 편집국의 기고자였다. 그런 그가 어떻게 어느 날 제2제정기 초창기 작품들에서 볼 수 있는 불모의 아카데미즘 또는 예의 바른 절충주의의 시시한 하수인들 사이에 끼는 것을 감수할 수 있었겠는가? 보들레르는 플로베르의 저주에 호응하여, 〈사랑에 대한 위로의 잠언 선選〉에서 "연애할 때는, 달과 별들, 밀로의 비너스, 호수, 기타, 줄사다리, 그리고 온갖 소설—세상에서 가장 훌륭한 소설이라도,—아폴론 자신이 쓴 것이라도—을 멀리하라"고 설교한다. 이런 사람이 어떻게 자신의 시에서 형식상의 클리셰나 의례적인 형상화의 판박이 문구에 재능이 굴복하는 것을 받아들일 수 있었겠는가? 우리는 오히려 수사학 전통을 의식해서 하는 수많은 차용이 보들레르에게 우선은 그와 상반되는 기호

와 문채들이 출현하고 전개되는 지평 역할을 한다고 생각한다. 그 기호와 문채의 최대 효과는 대조, 기발함, 그 위에 "차별" 작용으로 얻게 된다. 이런 의미에서, 전통과 혁신 사이에서 시의 이러한 대조 관념을 받아들이고 싶다면, 발터 벤야민이 《중앙공원》의 부분 원고에서 말한 아포리즘, "보들레르에게 있어서 시의 원리로서의 충격"에 우리는 동의한다.

《악의 꽃》의 어휘체계를 상세하게 분석하면 이 말의 의미를 완전히 알게 된다. W. T. 밴디가 《보들레르 시의 단어 색인》에서 정밀하게 묘사한 것처럼, 보들레르의 어휘는 서정시의 전통 용어("마음", "영혼", "하늘", "사랑", "아름다움", "고뇌", "영원한" 등등)의 변화 양태에서 빈약하고, 평범하거나, 아니면 적어도 장황하고, 자주 되풀이 된다. 다만 보들레르의 언어에 관해서 "라신의 문체와 그 시대 저널리스트 문체의 기묘한 혼합"이라고 말한 폴 클로델이 올바르게 감지한 것처럼, 이러한 언어 지평은 한 시인이 가진 언어상의 대담성을 더욱 "충격적"으로 만들 따름이다. 그 시인은 예를 들어 운문시의 "신성한" 공간에 그 시대에 처음으로 도회와 산업의 현대성에 관련된 저 신조어들, "캥케 등", "객차", "가로등", "결산서", "쓰레기 수레", "합승마차" 등을 들여오는 사람이다. 시인 자신이 첫 번째 테오필 고티에론에서, “영원히 비슷한 언어”와 그것을 따라 드문드문 푯말을 세우는 “돌출부”나 “찌푸린 얼굴”의 공존으로부터 끌어낼 수 있는 해법 전체를 간파했던 것이다.

> 단어 안에는, *말* 안에는 뭔가 *신성한* 것이 있어서, 그것을 운에 맡기는 도박으로 삼지 못하게 만든다. 하나의 언어를 능숙하게 구사하는 것은 일종의 강신술을 행사하는 것이다. 그때 색채는 깊고도 떨리는 목소리처럼 말을 하고, 기념건조물은 우뚝 솟아 깊은 공간 속에 떠오르고, 추와 악을 대표하는 동식물들은 찌푸린 얼굴을 선명히 드러내고, 향기는 그에 대응하는 생각과 추억을 불러일으키고. 정열은 그 영원히 비슷한 언어를 속삭이거나 울부짖는다.

보들레르는 더욱이 ‘파리 풍경’의 하나에서, 이 “강신술”에 몰두한 나머지 울퉁불퉁한 포석 위에서 “비틀거리는” 자신을, “맞닥뜨려”야 시가 되는 언어로 등장시켰다.

> 오막살이마다 매달린 덧창이,

비밀스런 음란을 가리는 오래된 성 밖 길 따라,
거리와 들판에, 지붕과 밀밭에,
잔인한 태양이 맹렬히 화살을 쏘아댈 때,

나는 홀로 환상의 검술을 연습하러 간다,
거리 구석구석에서 각운의 요행을 낌새채며,
포석에 걸리듯 낱말에 비틀거리며,
때로는 오랫동안 꿈꾸던 시구와 맞닥뜨리며.

—〈태양〉, LXXXVII

후일, 부르제와 위스망스 같은 세기말의 대작가 몇 사람이 좋아하게 되는 것이 바로《악의 꽃》에서 보이는 언어의 이러한 일탈과 어긋남이다. 보들레르 풍 "갈랑트리"의 하나인 〈나의 프란치스카를 찬양하여〉에 첨부된 흥미로운 주註를 재독해 보면, 사실상 보들레르가 베를렌이나 라포르그 이전에 언어의 현대성과 데카당스의 다산적인 접촉을 직감하고 있었다는 것을 알게 된다.

독자에게나 나에게나, 라틴 말기 데카당스의 언어—이미 변신하여 정신생활이 준비된 강건한 사람이 내쉬는 임종의 날숨—는 신기하게도 현대의 시세계가 이해하고 감지한, 그러한 정열을 표현하기에 적합한 것으로 보이지 않는가? (…) 이 경이로운 언어에서는, 파격어법과 부정확한 어법도, 자신을 잊고 규칙을 조롱하는 열정에게 있기 마련인 부주의를 나타내는 것만 같다. 말은 새로운 의미로 파악하게 되면, 로마의 아름다움에 무릎 꿇은 북방 야만인의 매력적인 서투름을 드러낸다. 말장난조차도 저 아는 척하는 혀짤배기 말을 거쳐서 들으면, 유년의 야성적이고 괴상야릇한 우아미가 있어 보이지 않는가?

위스망스는 정당하게도 《거꾸로》에서 데 제생트를, 그가 음미해 마지않는 "근육질에 살진 언어"의 위력 앞에서 황홀감에 빠져들게 만들었다. "데 제생트는 보들레르를 다시 읽을수록, 이 작가에게서 말로 표현하기 힘든 매력을 발견했다. 시가 더 이상 인간과 사물의 겉모습을 그리는 데밖에 쓰이지 않는 시절에, 보들레르는 근육질에 살진 언어 덕분에 표현할 수 없는 것을 표현하기에 이르렀다. 그가 사용한 언어는 다른 어떤 언어보다, 기진맥진한 정신과 슬픔에 젖은 영혼의 가장 사라지기 쉽고 가장 떨리는 병적인 상태를 표현상의 기묘한 건강함으로써 정착시키는 저 놀라운 능력을 갖고 있다."

조금 더 폭넓게 말하면, 언어의 풍부함을 새롭게 개척하는 데 기울이는 보들레르의 관심은 언어와 그 짜임새와 그 효과의 내부에 있는 모든 수단을 작동시키려는 의지로 이어진다. 말을 "정돈"하거나 흩뜨려서 이번에는 말이 흩뜨리거나 뒤엎게 하려는 의지. 앞에서 언급한 1861년의 "서문" 초고에서도, 체험과 사고의 풍요한 다의성에 합치시키는 것만을 목적으로 삼는 언어의 "지그재그" 조작이라는 관념은, 관습적 수사학의 반듯한 실천에 수반되는 필연적인 이면으로 확연히 제시된다. 그래서 그는 이렇게 설명한다. "시적인 문장은 수평선, 상승직선, 하강직선을 모방할 수 있다(그리고 그 점에서 음악과 수학에 가까워진다). 그것은 숨차지 않고 하늘로 수직상승할 수 있고, 중력을 받아 지옥으로 급전직하할 수도 있다. 나선을 따라가기도 하고, 포물선 또는 모서리가 연속하여 접히는 지그재그 선을 그려낼 수도 있다."[37]

더욱이 〈불화살〉의 15번 단장에서는 이와 똑같은 "시적 관념"이 기하학적 은유를 따라가면서, 보다 정확한 용어들로 정리되어 있다.

37 《악의 꽃》을 위한 〈서문〉 초고 III.

> 내가 생각건대, 한 척의 배, 특히 움직이고 있는 배를 물끄러미 바라볼 때 느끼는 무한하고 신비한 매력은 첫째, 복잡함과 조화만큼이나 인간정신의 본원적 욕구인 규칙성과 대칭성에서 비롯된다. — 둘째로, 이 물체가 가진 실제 요소들에 의해 공간 속에서 그려내는 온갖 상상의 곡선과 도형이 연속적으로 증가하고 발생하는 것에서 비롯된다.
>
> 선에 의한 이러한 움직임의 작용에서 풀려 나오는 시적 관념은, 광막하고 거대하고 복잡하지만 조화로운 존재, 인간의 온갖 탄식과 온갖 야망을 견디고 한숨짓는, 정령으로 가득 찬 동물을 상정하는 것이다.

이 텍스트에서 "조화"가 무엇을 말하는지는 충분히 알 수 있다. 보들레르가 이 단어를 선택한 것은 시적 "암시"의 이상적인 상태를 가리키기 위해서이다. 발설된 말은 이 "암시"를 지향해야 하고, 여기서 이상적인 상태란 문장, 그리고 특히 시구의 동일한 움직임 속에서, "규칙성"과 "대칭성"의 힘이 "복잡함"과 "상상의" 변화 효과와 결합하는 것이다. 달리 말하면, 글쓰기의 주요 흐름과 일탈 흐름 속에서, "영원한" 것과 "일시적인" 것, 지속적인 것과 우발적인 것의 저 본질적인 친교를 완전히 실현하는 것이다. 이 친교를 〈현대생활의 화가〉의 필자는 "현대성" 개념의 첫 번째 양태로 삼았다.

질서와 이변異變, 필연과 "기묘함"의 기적적인 일치인 이 "조화"의 결정적인 도구는 무엇일까? 〈불화살〉의 또 다른 단장에서도 언급하는 "마술적 작업", "강신술"의 도가니는 무엇일까? 위고는 자신의 시 계획에서 조정자로서의 이야기 능력과 용량에 힘을 실었다. 랭보는 자신의 "언어의 연금술" 기반을 바로 언어의 "살집"을 손질하고 가공하는 것에 두었다. 발라르메는 세계로부터 항상 격리된 존재를 언어로 말하게 하기 위해 문법과 통사론의 일종의 형이상학을 꿈꾸게 된다. 보들레르, 그는 자신의 독자적인 시학의 도구이자 증인으로서 결연히 이미지를 선택했다. 그는 이 이미지들, 즉 단순한 묘사적 이미지, 암시적 비유, 미묘한 은유 또는 "충격적인" 모순어법에게, 체험의 질서 안에서는 상반되거나 분리된 채로 있는 모든 것을, 공식화된 그 이미지들의 좁은 공간 속에서 공존케 하는 임무를 맡기는 것이다.

《악의 꽃》 저자의, 말의 본래 의미로서의 "이미지 체계"를 이루는 자원 명세서를 남김없이 작성하는 일은 시간이 너무 많이 걸릴 것이다. 이 문제에서 시인이 확실하게 가장 성공한 것, 즉 효과의 적절함을 독자가 감상할 수 있는 몇 가지 예를 드는 것으로 그치자.

묘사 또는 이야기의 가장 조출한 차원에서, 보들레르는 이처럼 단순한 *이미지*들이 떠맡고 있는 감정의 의미를 더할 나위 없이 최적화하는 천부적 재능을 갖고 있다. 이 이미지들은 모든 감각에 걸쳐 시의 "진액"을 기록하고, 배합하고, 황홀경에 이르기까지 확장시킨다.

후각의 소나타.

그동안 녹색 타마린드 향기
대기 안에 맴돌아 내 콧방울 부풀리고,
나의 넋 속에서 선원들의 노래에 섞인다.

—〈이국의 향기〉, XXII

시각의 수채화.

이글거리는 석탄의 열기에 비추인 저녁,
그리고 장밋빛 놀에 감싸인 발코니의 저녁.

—〈발코니〉, XXXVI

장밋빛 녹색 옷을 입고 떨고 있는 새벽빛은
인적 없는 센 강 위로 천천히 나아가고 있었고…

—〈아침 어스름〉, CIII

촉각의 대향연.

내 손가락이 너의 머리와 너의 나긋한 등을
　여유롭게 어루만질 때,
내 손이 전기 이는 너의 몸을
　만지는 기쁨에 취할 때…

—〈고양이〉, XXXIV

음악적 판화.

큰 파도는, 하늘의 영상을 감아올리면서,
장엄하고 신비하게 섞고 있었다,
그 풍요한 음악의 전능한 화음과
내 눈에 반사된 석양의 색깔을.

—〈전생〉, XII

보들레르의 이미지는 본질적으로 다이내믹해서, 이

미지는 또 이미지를 불러오고, 변화무쌍하고 증식하는 직유의 유희 속에서 활짝 피어나는 일이 자주 있다. 어떤 곳에서는 "암시의" 역량을 최대한 발휘하기 위해,

> 꽃마다 향로처럼 향내 풍기고,
> 바이올린은 괴로운 마음처럼 떨고 있다.
> 우울한 왈츠와 나른한 현기증!
> 하늘은 가假제단처럼 서글프고 아름답다.
>
> —〈저녁의 하모니〉, XLVII

또 다른 곳에서는, 라포르그가 〈발코니〉의 시구 한 줄("밤은 그렇게 칸막이처럼 두꺼워지고 있었다")에 대하여 정확하게 지적한 것처럼, 충격 또는 경악의 "기발한" 효과에 스스로 참여하기 위해,

> 늙은 갈보의 시달린 젖통을
> 입 맞추고 빨아대는 가난한 난봉꾼처럼,
> 우리는 지나는 길에 은밀한 쾌락을 훔쳐
> 시든 오렌지 짜듯 힘껏 쥐어짠다.
>
> —〈독자에게〉

금테두리 장식된 발그레한 스타킹이, 한쪽 다리에
　추억처럼 남아있다.
스타킹 죔쇠가, 불타는 은밀한 눈처럼,
　다이아몬드 같은 시선을 쏜다.

—〈순교 여인〉, CX

보들레르의 시적 상상세계에 있는 역동성의 또 다른 매체는, 은유다. 은유는 가끔, 증대된 생명력으로, 앞에서 몇 가지 비유에 관하여 언급했던 의미론의 저 "돌출부" 역할을 한다. 또한 곳곳에서, 초현실주의의 은유에서 볼 수 있는 과감한 배합을 예시하는 일조차 있다.

석탄 연기의 강이 하늘 높이 오르고…

—〈풍경〉, LXXXVI

그대의 양양한 젖가슴은 아름다운 장롱

—〈아름다운 배〉, LII

쇄골 언저리에 살랑대는 주름 장식은…

—〈죽음의 춤〉, XCVII

그러나 보다 일반적으로 시인은 은유를, 시의 언어를, 이 말의 디오니소스적 의미에서, "일탈"시키거나 "이전"시키는 수단으로 사용한다. 이렇게 해서 은유라는 단어의 엄밀한 어원을 재발견하게 된다. 본래 환유인 은유에 애착을 갖는 그는 은유를 시적 "비약"을 위한 점프대로 삼아 육체에서 우주로, 감각에서 교향악으로, 일별에서 환영幻影에 이르게 한다.

푸른 머리털, 드리워진 어둠의 깃발이여…

—〈머리타래〉, XXIII

태양은 엉기는 제 핏속에 잠겼다…

—〈저녁의 하모니〉, XLVII

내 몽환경의 건축가인
나는, 내 뜻대로,
보석 터널 아래로
길들여진 대해를 흐르게 했다.

—〈파리의 꿈〉, CII

결국 보들레르의 문채 저장고에서 모순어법이 특권

적인 자리를 차지한다 해도 별로 놀랄 일이 아니다. 모순어법은 시인에게, 현실에 흩어져 있는 조각들, 서로 조화되지 않는 정서, 또는 상반된 이미지를 단 하나의 표현에 집결시킬 수 있게 해주는 문체상의 탁월한 도구다. 이 "악의 아름다움을 새기는 아이러니하고 귀에 거슬리는 불협화음"(R. 장)은, 단독으로, 또는 교착배열 효과에 의해 조바꿈되어, 중재하는 자와 속죄하는 자로 기능하는 글쓰기에 최고의 기회를 만들어낸다.

> 그리고 나는 그대 숨결을 마시고 있었다, 오 감미로움
> [이여! 오 독이여!
> —〈발코니〉, XXXVI

> 피의 호숫가에서, 거대한 시체 더미 아래,
> 무진 애를 써봐도, 꼼짝없이 죽어가는 부상병.
> —〈금 간 종〉, LXXIV

> 밤보다 음울한 검은 빛을 우리에게 쏟을 때,
> —〈우울〉, LXXVIII

위안을 주는 것은 **죽음**, 오!, 살아가게 하는 것도…

—〈가난뱅이의 죽음〉, CXXII

이미지, 비유, 은유, 모순어법. 보들레르는 이렇게, 상상세계의 이 매체들에게 있는 모방과 정화의 모든 능력을 연쇄와 "교체"라는 완벽한 기교를 가지고 사용한다. 그리고 그의 시는, **존재**의 정체성과 영속성을 결코 파악할 수 없는 상태에서, 쉽게 사라지는 것과 잠재적인 것을 추적한다. 그런데 시가 저 이미지의 수사학이 발휘하는 "교체"와 "상호간섭"—치명적이지만 유익한—에 전적으로 빠져들 때만큼 진정성을 갖게 되는 경우는 결코 없다. 이것이 〈흐린 하늘〉과 같은 시에서 온전히 작동되는 것을 볼 수 있다.

그대 눈길은 김이 서린 것 같아.
신비한 그대 눈(푸른지, 회색인지, 녹색인지?)은
다정하다 생각에 잠기다 매정해지기도 하면서,
무심하고 창백한 하늘을 비춰낸다.

그대는 생각나는지, 저 하얗고, 포근하고, 흐린 날들이,
뭔지 모를 괴로움에 비틀리고 시달려

너무나 곤두선 신경이 잠자는 정신을 비웃을 때
마법에 걸린 마음을 속절없이 울리는 저 날들이.

그대는 때로, 저 아름다운 지평선을 닮았다
안개 짙은 계절의 태양이 불 지피는 지평선을…
흐린 하늘에서 떨어지는 햇살에 타오를
그대 얼마나 빛나는지, 젖은 풍경이여!

오 위험한 여인이여, 오 유혹의 풍토여!
내가 흠모하게 될까, 그대 눈(雪)과 그대 서리마저?
무정한 겨울에서 끌어낼 수도 있을까
얼음과 쇠보다도 날카로운 쾌락을?

보들레르는 이미 《낭만파 예술》에서 이렇게 말했다. "뛰어난 시인들에게는, 현실의 상황에서 정확한 수학적 적용이 아닌 은유, 직유, 또는 형용사란 없다, 왜냐하면 이 직유, 이 은유, 이 형용사는, *보편적 아날로지*의 고갈되지 않는 자원 속에서 얻어낸 것이고, 다른 곳에서는 길어낼 수 없기 때문이다."[38] 이 "아날로지 자원"의 복잡

38 〈나의 동시대인 몇 사람에 대한 고찰〉, 'I. 빅토르 위고'.

한 성질을 연구하는 일이 우리에게 남겨진 과제다. 이 자원 속에《악의 꽃》시의 마술적이고 존재론적인 힘이 뿌리를 내리고 있다.

3. 아날로지, 상징, 만물조응 형식의 무질서, 외관의 허위, 보다 일반적으로는 지각 현실의 결핍이나 도착 뒤에는 숨겨진 질서와 이상성이 존재한다는 것, 그것들을 끈기 있는 "번역" 또는 "해독"으로 마침내 밝혀낼 수 있다는 관념은 새롭지 않다. 보들레르가 자기 시학의 궁극적 의미를 받쳐주는 세계의 이 우의적 표상을 자기 것으로 삼을 때, 그는 다소 직접적이고 다소 명백한 일련의 영향을 받게 된다. 그는 개념과 공식에 관한 것도 포함하여, 이 영향으로부터 광범위하게 빌려온다.

보들레르는 네르발이나 위고 같은 시인들과 마찬가지로 "모든 것이 상형문자"라고 확신하면서, 시 언어의 메타신비학적 성격(H. 메쇼닉이 지적했듯이, 시니피앙이 거기에서 최초의 지시대상이다)을 이러한 우주의 코드나 "처방집"을 이해하는 힘으로 여기는데, 이 시인들 자체에 관해서는 차치해 두자. 그보다는 1840년대부터 보들레르의 사고에 강한 자극을 남기는 발상원이 되는 철학자나 이데올로그에 관해서 상세히 논의하기로 하자. 에른스트 호프만이 이들 가운데 선두를 차지한다. 이 위대한 소리와 향기 분석가의 작품에서 보들레르는 공감각 체계를 발견하고, 〈1846년 살롱〉에서 〈크라이슬레리아나〉의 한 대목을 인용한다. 이것은 후에 크누트 함순의 자기 이야기가 앙드레 브르통에게 자동기술을 발명케 한 것과 같은 역할을 보들레르에게 어느 정도 한 것으로 보인다.

> 내가 색과 소리와 향기 사이에서 아날로지와 내밀한 결합을 찾아내는 것은, 꿈속이나 잠들기 전의 가벼운 섬망 속에서뿐 아니라, 깨어있는 상태로 음악을 들을 때도 그러하다. 내 생각에는 이 모든 것이 동일한 광선에 의해 생겨났으니, 경이로운 합주 안에서 하나가 되어야 할 것 같다.

보들레르가 스베덴보리를 〈라 팡파를로〉에서 언급하는 것으로 보아 아마도 발자크처럼 '경이'에 관한 그의 두 권짜리 책[39]을 애독했을 것이다. 그는 라바터와 특히 이 스베덴보리에 동조하여, 아날로지라는 추상적 개

39 《천상계와 그 경이, 그리고 지옥》, 1758.

념을 "상징"과 "만물조응"이라는 보다 직접적으로 시적인 관념에 결합시키는 관계를 확신한다.

> 더욱이, 훨씬 위대한 영혼의 소유자인 스베덴보리가, "하늘은 대단히 위대한 하나의 인간"이라고 이미 우리에게 가르쳐주었다. 그리고 형태도 움직임도 수數도 색도 향기도, 모든 것이 "자연계"에서와 마찬가지로 "정신계"에서도, 의미심장하고 상호적이고 전환 가능하며 "조응"한다는 것도 가르쳐주었다. 라바터는 보편적 진실의 증명을 인간의 얼굴에 한정시켜, 윤곽, 형태, 크기가 갖는 정신적 의미를 우리에게 해석해 주었다.
>
> —《낭만파 예술》[40]

그에게 더 가까운 사람들인, "자연은 언어다"라고 단언하는 푸리에, 《상트페테르부르크의 야화》에서 "지각 가능한 어떠한 법칙도 *그 배후에* 영적인 법칙을 갖고 있지 않은 것은 없다. 전자는 후자의 가시적인 표출에 불과하다"고 확언하는 조제프 드 메스트르가 철학적이고 미학적인 이 "초자연주의"에 대한 보들레르의 믿음을 공고히 해준다. 그는 이 초자연주의에다 주저하지 않고 *카발라*의 몇 가지 "계시" 또는 플라톤의 간략화한 이데아 몇 가지를 보탠다. 그러나 보들레르가 저 "무덤 저편에 있는 경이에 관한 황홀한 예감"을 확인하는 것은 다시 한번 에드거 포에게서다. 그가 1859년에 쓴 앞서 언급한 테오필 고티에론에서, 자신의 확신을 진술하기 위해 가장 명확한 표현을 빌려오는 것도 〈시의 원리〉의 저자로부터이다.

> 우리에게 **지상**과 그곳의 광경을 **천상**의 개관으로, 조응으로 간주하게 하는 것은 **미**에 대한 이 감탄할 만한, 이 불멸의 본능이다. 피안에 있으면서, 삶이 드러내는 모든 것에 대한 만족할 줄 모르는 갈증이 우리가 불멸하다는 것의 가장 생생한 증거다. 넋이 무덤 뒤에 있는 광채를 엿보는 것은, 시에 의해서와 동시에 시를 *통해서*이며, 음악에 의해서와 동시에 음악을 *통해서*이다. 그리고 훌륭한 시가 눈가에 눈물 고이게 할 때, 이 눈물은 넘치는 기쁨의 증거가 아니라, 그것은 오히려 자극받은 멜랑콜리의, 신경에서 나오는 간절한 소망의, 불완전한 세상에 유배되어, 바로 이 지상에서, 계시된 천국을 당장 붙잡으려는 본성의 증거인 것이다.

40 〈나의 동시대인 몇 사람에 대한 고찰〉, 'I. 빅토르 위고'.

이 문장에서 보면 《악의 꽃》의 저자가 "상징"이라는 단어를 거의 인용하지 않고 자신이 사용하는 일도 거의 없다는 것을 알 수 있다(시집에서는 〈만물조응〉, 〈시테르 섬으로의 출항〉, 〈작은 노파들〉 세 편에만 나온다[41]). 그가 이보다 좋아하는 단어는 "알레고리" 또는 "조응"이다. 그에게 상징주의가 있는 것은 사실이지만, 예를 들어 비니가 "상징적 전환"에 관하여 말하는 의미에서는 거의 없거나 있다 해도 문제될 정도는 아니다. 보들레르가 〈알바트로스〉나 〈금 간 종〉에서처럼, 직접적인 감정 또는 현실을 알레고리로 이루어진 기호의 공간으로 이전하는 기법을 실천한다 해도, 그에게서는 그리스적 의미로서의 상징에 관하여 말하는 편이 더 나을 것이다. "심볼론 symbôlon"은 쪼개진 기와로, 조약을 맺은 두 도시의 사절이 신원확인의 표시로 나머지 반을 서로에게 제시하는 물건이었다. 그런데 보들레르는 시의 상징체계를 이것과 달리 생각하지 않는다. 이미지의 유출로 가능해지는 이 조화의 직물, 이 알레고리의 편물, 이 만물조응의 그물로써 현실의 "분리된" 면면을 다시 꿰매고 다시 붙이는 것이 문제된다. 이 현실의 "어둡고 깊은 통일"이 세속의 눈에는 보이지 않게 되었고, 이러한 봉합 시도는 분명히, 분리된 현실의 성질에 따라서도, 이 현실이 대상이 되는 존재의, 정신의, 게다가 신비의 초점에 따라서도 용이함의 정도가 고르지 않다.

이론이자 증명인 유명한 소네트 〈만물조응〉을 분석해 보면, 창작자의 조사와 해명에 주어지는 "상징의 숲"을 탐험할 수 있는 두 개의 큰 축을 추려낼 수 있다. 이 두 개의 축을 묘사하기 위해 "수평적" 조응과 "수직적" 조응이라고 말하는 것처럼, 기하학적 은유를 사용하는 습관이 생기는 것은 지당하다. 그 정도로 이것은 보들레르의 상상세계에서 엄밀히 보완적인 동시에 근원적으로 구분되는 시의 두 가지 내기에 잘 어울리는 것 같다. 인술에서 "가로좌표"에 놓일 "수평적" 조응은 몹시 단순하고 명백하다. 이 조응은 문장이나 시구의 직선 축 위에서 직유나 은유 같은 문채의 흐름을 따라, 외견상 "멀리 떨어진" 요소들(사물, 장식, 감각 등)에 접근시키는 기능을 갖는다. 우리는 이 요소들을 그 본질적인 아날로지와 단일성 속에서 "상상"하도록 권유받는 것이다. 이 소네트의 중심에 있는 시구 여섯 줄은 공감각에 기초한

41 '상징'이 〈만물조응〉과 〈작은 노파들〉에서는 명사로, 〈시테르 섬으로의 출항〉에서는 형용사로 쓰여있다. 그 밖에 제목 없는 XXVII번 소네트에도 형용사 'symbolique'가 사용되어 있다. 따라서 《악의 꽃》에 '상징'이라는 단어는 네 번 나온다.

훌륭한 변이를 종합적으로 보여주면서, 수평적 조응의 기능을 설득력 있게 예증한다.

밤처럼 빛처럼 광막한
어둡고 깊은 통일 속에서,
멀리서 섞이는 긴 메아리처럼
향기와 색과 소리가 화답한다.

어린 아이의 살처럼 신선한 향기,
오보에처럼 부드럽고, 초원처럼 푸르른 향기 있어…

우리 도식의 세로좌표에 놓일 "수직적" 조응은 훨씬 더 미묘하고 본질적이다. 더 이상 현실이라는 유한한 전체의 쪼가리들로 흩어진 "퍼즐"의 재구성이 문제되지 않고, 이 쪼가리의 이런저런 것으로부터 출발하여, 그 의미의 극치 아니면 종말에 이르기까지 현실을 드높이고 "끌어올리는" 것이 중요하다. 이 소네트의 마지막 4행은《악의 꽃》저자의 펜 끝에서 거의 항상 의미상의 중요한 단절을 나타내는 줄표에 의해 분리되어 있다. 이렇게 해서 이 4행시는 "불완전한 세상에 유배되어, 바로 이 지상에서, 계시된 천국을 당장 붙잡으려는 본성의"

숭고한 도약을 증명하는 저 "팽창"과 저 "열광"을 암시한다.

— 그리고 다른 향기는, 썩고, 풍성하고, 양양하여,

무한한 것들의 팽창을 보이며
용연향, 사향, 안식향, 훈향처럼
정신과 감각의 열광을 노래한다.

—〈만물조응〉, IV

두 경우에서는 의도가 같고, 현실의 기만적인 다양성을 이미지의 위안을 주는 단일성으로 대체함으로써, 실생활의 좌절을 언어에 의한 행복으로 대체하는 것을 목표로 한다. 그렇다고 해도 만물조응의 이 부분집합 두 개를 구분하는 일이 부질없지는 않다. 이런저런 시를 면밀히 연구해 보면, 보들레르가 수평적 조응을 수직적 조응의 출현에 대한 일종의 예비과정으로 자주 사용한다는 것을 알게 되는 일도 있다. 수평적 조응이 수직적 조응의 의미론적 "연동장치" 역할을 하는 이 특이한 역학은, 〈머리타래〉에서 특히 두드러진다. 이 시에서는 이러한 현상이 두 번 연속 반복된다. 몸걸침의 노시("편발

머리"/"큰 파도")에 따른 첫 번째의 단순한 아날로지는 "납치" 효과에 의해 해방된 꿈의 출현을 촉구한다.

그곳에 가리라, 정기 넘치는 나무와 인간이
작열하는 풍토 아래 오래도록 넋을 놓는 곳.
힘찬 편발머리여, 큰 파도 되어 나를 앗아가 다오!
흑단의 바다여, 너는 눈부신 꿈을 품고 있다
돛과 사공들과 불꽃깃발과 돛대의 꿈을…

그리고 바로 이 꿈 속에서 공감각적 조화의 촘촘한 그물이 다시 짜인다. 그 긴밀함은 일종의 신비한 하늘로 타오른다.

왁자한 항구, 그곳에서 내 넋은 마셔댄다,
향기와 소리, 색을.
배들이 금빛 물결 속으로 미끄러져,
영원한 열기 떨리는 맑은 하늘의 영광을
커다란 팔 벌려 끌어안는다.

—〈머리타래〉, XXIII

이러한 성공사례는, 필요한 경우에 다음과 같은 것을

충분히 증명해 준다. 실생활의 좌절을 넘어서 시가 그 완벽하고 전적인 모습으로 절대적인 위안을 가져올 때, 시적 행복이 《악의 꽃》 저자에게 얼마나 엄청난 것인지를. J. P. 리샤르는 《시와 깊이》에서 이렇게 말한다. "보들레르에게 언어의 전적인 탁월함을 형성하는 것이란, 모든 것을 표현해 내고 모든 것을 풀어내는 언어의 물질적 유순함, 유연성, 순응성이다. 조금 더 구체적으로 이야기해 보자. 보들레르가 자신의 언어 풍경을 다른 어떤 풍경보다 우월하다고 여기는 것은, 시인 자신과 그의 언어 사이에 직접적인 관계, 실존적 친밀함이 있기 때문이다. 이 언어의 존재론적 구조가 그 정도로 정확하게, 그 정도로 자발적으로 그의 존재 내면의 건축과 부합한 것은 그의 커다란 행운, 아니 오히려 그의 천재성이었다. (…) 따라서 보들레르의 아름다운 시는 모두 그의 삶을 물질적으로 나타내고 해명해 주는 것으로 보이기 마련이다. 그리고 이러한 삶이, 그 정도로 완벽하게 몇 개의 문장에 이르는 것을 인정받았는데, 어떻게 그 삶이 구원받지 않았다고 생각할 수 있겠는가?"

언어의 변형 능력에 대한 이러한 무조건의 신앙에 의해, 시적 이미지의 실효성에 대한, 그리고 상실했다고 믿었던 **전체성**을 복원시키는 이미지의 능력에 대한 이러한 확신에 의해 보들레르는 고전주의의 형식상의 중압으로부터 완전히 벗어난다. 그리고 여기에서도 그의 비평작품에서처럼, 극도로 "이지적인" 상상력을 현실에 얽매인 어떤 종류의 형상화보다 우위에 둔다. 실제로저 "능력들의 여왕이 아닌 어느 원천으로부터 만물조응의 흐름이 생겨날 수 있을 것인가? 이 여왕은 세상 전체를 해체하고, 영혼의 가장 깊숙한 곳에서밖에는 원천을 발견할 수 없는 규칙에 따라 모이고 배열된 소재로써, 하나의 새로운 세계를 창조하고, 새로운 것의 감각을 만들어낸다."[42]

해체와 재구성, 삶의 "원심"력이 "증발"시킨 것을 시의 "구심"력으로 재구축하기. 보들레르가 1859년 〈철학적 예술〉에서 말한 "순수예술"의 비결이 바로 이것인데, 다음 세대의 인상주의 화가들이 그대로 끌어다 써도 무방할 어휘로 정의되어 있다. "현대적 발상에 따른 순수예술이란 무엇인가? 동시에 객체와 주체를, 예술가의 외부 세계와 예술가 자신을 포함하는 암시의 마술을 창출하는 것이다." 현대성은 실제로 시 언어의 존재론적 효력의 증거이기도 하다. "객체"가 부패하고, "주체"가 영벌을 받을 때조차, 예술, 여기에서 다른 말로 하면 언어와 문체는, 충분히 "암시적인" "마법"을 위임받아 만회나 변모 같은 유익한 기적을 실현시키는 존재다.《악의 꽃》의 가장 어두운 사실주의적 시 가운데 하나인 〈썩은 시체〉에서 든 마지막 예는, 작품에 작용하는 시의 정화능력을 보여줄 것이다. 그것은 질색인 "자연의" 모습으로 시작된다.

햇볕은 저 썩은 살 위로 내리쬐고 있었다,
　　알맞게 굽기나 하려는 듯이,
위대한 **자연**이 한 덩이로 만든 것을 몽땅
　　백배로 돌려주려는 듯이.

그리고 하늘은, 기막힌 시체가 꽃처럼
　　활짝 피어나는 걸 보고 있었다.
악취가 어찌나 강한지, 풀밭에서
　　당신은 기절하는 줄 알았지.

파리들이 썩어가는 저 배때기 위에서 붕붕거렸다,
　　거기에서 검은 애벌레 떼가 기어 나와

42 〈1859년 살롱〉, 'III. 능력들의 여왕'.

살아있는 저 누더기를 따라
　　진한 액체마냥 흘렀다.

이제는 그것이, 단어와 이미지로 짜인 틀 안에서, 은총받은 꿈으로 소생한다.

그 모든 것은 파도처럼 오르내리고,
　　탁탁 튀면서 뛰어오르기도 하였다.
그것은 마치, 육체가 희미한 숨결에 부풀려
　　증식하면서 살아가는 것만 같았다.

그리고 이 세계는 이상한 음악을 들려주고 있었다,
　　흐르는 물처럼 바람처럼,
혹은 키질하는 사람이 리드미컬한 동작으로 키 안에
　　담아 흔들고 돌리는 곡물처럼.

형태는 소멸하여 한낱 꿈에 지나지 않았다,
　　화포 위에서 잊혀지고,
오직 추억에 의지하여 화가가 완성하는
　　천천히 드러날 밑그림일 뿐이었다.

—〈썩은 시체〉, XXIX

보들레르의 수사학과 운율법이 당한 까닭 없는 비난은 여기에서 더 이상 아무 의미가 없다. 이 많은 비난은 시 언어의 놀라운 효과를 확인함으로써 불식되었다. 더욱이 《악의 꽃》 재판再版을 위한 〈에필로그〉 초안에서, 시인은 이 "연금술"의 공덕을 인정하는 것 말고는 아무것도 요구하지 않았다. 연금술은 그의 뒤를 잇는 많은 예술가들에게 문학의 현대성을 꿈꾸게 만든다.

오 그대들, 증인이 되어다오, 내가 내 의무를
완벽한 화학사처럼 또한 성스러운 영혼처럼, 다 해냈음을.

나는 모든 것으로부터 정수를 뽑아내므로,

그대 내게 진흙을 주었고 나는 그걸 황금으로 만들었으니.

제5장 《파리의 우울》의 산문

로베르 코프는 《산문소시》 재판再版에 붙인 최근의 서문에, 《파리의 우울》이라고도 불리는 텍스트가 보들레르 작품의 전체 체계 속에서 차지하는 자리를 적절한 말로 정의하면서 이렇게 쓴다. "《악의 꽃》은 현대시로 길을 연다. 《산문소시》는 현대성의 시를 창시한다. 두 시집의 거리는 들라크루아를 마네, 메리옹, 콩스탕탱 기스로부터 갈라놓는 거리다." 한 작품에서 다른 작품으로, 한정되고 구조화된 전체로부터 열려있고 제한 없는 불분명한 상태로, 현대성의 쟁점은 실제로 혁신적 실천 양식들로부터, 때로 서투르고 대체로 좌절되거나 기대를 저버리는 실험 양식들로 이동하는 것처럼 보인다. 그러나 이 실험은 모색과 시행착오에서조차 항상 창시자였다.

1. 텍스트의 작은 역사 《파리의 우울》 산문의 역사는 보들

레르가 당대의 여러 잡지에 산문시 발표를 확보하려는 과정에서 만난 난관의 역사와 겹친다. 대개 이 잡지들은, "정립된" 시의 규범에서 정의상 벗어나는 이러한 시의 게재를 몹시 주저했다. 이 텍스트의 연보를 따라가다 보면 두 가지가 특히 주의를 끈다. 우선 저자가 그 진짜 규모를 전혀 파악하지 못했던 기획의 고단하고 비경제적인 측면이다. 그의 1860년대 편지에 나오는 많은 암시가 그것을 입증하는데, 1865년 5월 4일 생트뵈브에게 보낸 편지에서 발췌한 이 부분이 그중 하나다. "힘이 드는 잡동사니 100개 만들기 (…) 그중에 60개밖에 안 되는데 더 이상 할 수가 없습니다." 동시에 극심한 완벽주의에서 오는 근심이 작가에게 엄습하여 자기 작품 몇 개에 대해서는 끝내 만족하지 못했던 것 같다. 바로 그 생트뵈브에게 1866년 1월에는 이렇게 쓴다. "그런데 이 잡동사니들은, 날카로우면서도 가볍게 표현하고 싶을 때는, 쓰기 힘들어집니다." 이렇게, 〈고독〉이나 〈선량한 개들〉 같은 몇 개의 텍스트는, 격심한 분노와 절망을 거쳐 발표, 수정, 재발표되는 단계를 네 번이나 반복한다… 앙드레 브르통이 1920년대의 자동기술법 텍스트의 역사를 요약하면서 사용한 표현, "계속되는 분운…"을 이 산문시의 역사에 관해서 그대로 사용하고 싶은 심정이다.

1847. 산문시 계획의 첫 번째 흔적? 보들레르는 중편소설 〈라 팡파를로〉에 이렇게 쓴다. "사뮈엘 크라메르는, 꽃에 감탄하는 대신 단문과 복합문이 떠오르면 산문으로 만들어 이 첫 번째 방식으로 작성된 몇 개의 조악한 스탠자를 낭송하기 시작했다."

1855. 방빌, 아슬리노와 함께 참여하는 《C. F. 드느쿠르에게 바치는 오마주》라는 책에 보들레르는 그의 첫 산문시 두 편 〈저녁 어스름〉과 〈고독〉을 발표한다. F. 데누아예에게 보낸 편지에서 시인은 이 두 작품을 "해 질 녘이면 저에게 엄습하는 몽상의 총체를 대강 표현하는 두 편의 시 작품"이라고 묘사한다.

1857. 《악의 꽃》의 파란 많은 출판 직후, 보들레르는 난생 처음으로 이 운문작품과 짝을 이룰 수 있을 산문집에 대하여 생각한다.

8월 24일. 《프레장Le Présent》지에 '밤의 시Poèmes nocturnes'라는 제목으로 6편의 산문시 모음이 처음 발표된다. 이미 발표된 두 작품 이외에, 〈계획〉, 〈시계〉, 〈머리타래〉, 〈여행에의 초대〉가 여기에 포함되어 있다. 말하자면 이 산문시들은 대부분 《악의 꽃》 운문시의 "모작"이다. 후속 작이 "근간"으로 예고된다.

1861. 판화가 샤를 메리옹과의 공동제작을 성사시키지 못한 보들레르는 9월 1일, 《르뷔 팡테지스트》에 '산문시' 새 연작을 보낸다. 이 가운데 〈군중〉, 〈과부들〉, 〈늙은 어릿광대〉 세 편이 당시 미발표작이다. "다음 호에 계속"이라고 발표하기로 했던 이 잡지가 일찍 폐간된다.

1862. 8월과 9월에 《라 프레스》지가 '산문소시' 20편을 연재로 발표한다. 이 가운데 15편이 미발표작이고, 〈예술가의 고해기도〉, 〈이중의 방〉, 〈개와 향수병〉, 〈못된 유리장수〉, 〈새벽 한 시에〉, 〈머리타래 속의 반구〉, 〈가난뱅이의 장난감〉이 여기에 포함된다. 작품 전체에 작가 아르센 우세에게 보내는 편지 형식의 헌사가 첨부되어 있다. 이 작가도 1850년에 출간한 《전집》에서 몇 개의 산문 작품을 발표한 바 있다. 이 편지를 잠시 후에 전부 인용할 텐데, 보들레르의 독자적 기획을 이해하는 데 가장 중요한 내용이다.

1862년은 발표되었거나 발표 예정인 작품의 전체 제목 선정에서 저자가 크게 주저했던 연도이기도 하다. 그는 세 개의 제목을 차례차례 염두에 둔다. 즉《고독한 산책자》,《파리의 부랑자》,《미광과 연기》.

1863. 1월 13일에 보들레르는 출판인 에첼에게《악의 꽃》과《산문소시》에 대한 독점권을 양도한다. 실은 돈 문제가 너무 걱정된 시인이 잡지나 정기간행물 곳곳에 작품을 발표하여 끊임없이 거기에서 이득을 얻어낸다. 에첼은 이에 진저리를 내고 작품 처분권을 시인에게 되돌려준다.

6월부터 12월까지, 세 번에 걸쳐, 보들레르는 신작 7편을《내외평론》지에 보낸다. 〈아름다운 도로테〉, 〈그리고 싶은 욕망〉, 〈창문들〉, 〈벌써!〉, 그리고 1861년에 알게 된 프란츠 리스트에게 헌정한 〈바쿠스의 지팡이〉가 여기 포함된다.

1864. 2월 7일과 14일에《피가로》지는 처음으로《파리의 우울》이라는 제목으로 7편의 작품을 발표한다. 이 가운데 6편이 미발표작으로, 〈취하라〉, 〈관대한 노름꾼〉과 마네에게 헌정한 〈끈〉이 포함되어 있다. 순회강연을

위해 프랑스를 떠난 보들레르는 "후속작"이 벨기에의 출판사에서 잘 나오기를 기대하지만, 이 일은 헛수고로 끝나게 된다.

1866. 이 해에 네 개 잡지에서 몇 작품을 재발표한다. 특기할 만한 것은, 6월 1일 《19세기 평론》에서 페트뤼스 보렐의 작품을 암시하는 《늑대인간 소시》라는 제목을 사용한 점이다.

1867. 8월 31일, 그가 사망한 날, 《내외평론》지가 '산문 소시' 마지막 연작 발표를 시작한다. 그중에는 〈정부情婦들의 초상〉, 〈사격장과 묘지〉, 〈이 세상 밖이라면 어디라도〉 같은 신작이 포함되어 있다.

1869. 이미 발표된 산문시 전체가 미셸 레비 출판사에서 나오는 보들레르 《전집》 제4권에 처음으로 집결된다. 여기에는 미발표작 다섯 편(〈정중한 사수〉, 〈수프와 구름〉, 〈후광의 상실〉, 〈마드무아젤 비스투리〉, 〈가난뱅이를 때려눕히자!〉)과 〈에필로그〉가 포함된다. 이로써 완성된 산문의 수가 50편에 이르게 된다.

2. 《악의 꽃》에서 《파리의 우울》까지 앞에서 진술한 연보의 여러 요소와 보들레르의 편지에서 볼 수 있는 그만큼의 준거들이 보여주는 것처럼, 《산문소시》 계획이 작가의 머릿속에서는, 운문작품 계획을 보완하고 연장하는 한 가지 방법이었다. 따라서 "짝"이라는 말을 해석해 봐야 한다. 이 말은 시인이 편지에서 《악의 꽃》의 시와 일종의 2부작을 만드는 것으로 자신의 산문을 언급할 때마다 수없이 등장한다. 그래서 그가 상당히 일찍, 아마도 1860년부터 "잡동사니 100개"를 쓸 작정이었다 해도 전혀 놀랍지 않다. 100이라는 숫자는 1857년 시집에 나오는 운문시의 정확한 수가 아니었던가?

그런데 처음 보기에는, 이 운문시 100편과 사후 출판 산문시 50편 사이에 있는 테마의 연속성이 명백하다. 《악의 꽃》에서 목록이 작성된 모든 주요 테마가 모종의 방식으로 재편성되어 산문시에 나타난다. 즉, 부패한 자연에 대한 증오(〈예술가의 고해기도〉, 〈개와 향수병〉), 우울한 시간의 재앙(〈이중의 방〉, 〈시계〉), 이것과 대치되는 순간적인 이상성의 신기루(〈벌써!〉), 창작인의 소외와 손상(〈늙은 어릿광대〉), 존재의 이중성(〈바쿠스의 지팡이〉, 〈영웅적인 죽음〉), 인공수단에의 기원(〈취하라〉), 여자의 마력 환기(〈그리고 싶은 욕망〉, 〈정부들의 초상〉, 〈어느 것이 진짜 그녀일까?〉) 그리고 당연히 해방을 가져오는 죽음의 운명(〈이 세상 밖이라면 어디라도〉).

운문 형식으로 이미 취급된 "주제들"을 같거나 다른 제목으로 다시 취하는 일련의 산문시만 보면, 결국 연속성은 불필요한 중복으로 비칠 수도 있다. 게다가《악의 꽃》의 이런저런 시에서 발상이 이미 존재한다는 것을 의심받지 않을 산문소시가 거의 없다고는 해도, 아래의 대조표를 제시하는 것으로 그치기로 하자. 이 대조표는 완전히 명백한 "중복작"을 비교한 것인데, 이것들이 대부분 보들레르가 작성한 초기 산문에 속한다는 것만 기억하자.

《악의 꽃》	《산문소시》
〈저녁 어스름〉	〈저녁 어스름〉
〈자정의 점검〉	〈새벽 한 시에〉
〈머리타래〉	〈머리타래 속의 반구〉
〈여행에의 초대〉	〈여행에의 초대〉
〈일곱 노인〉	〈과부들〉
〈작은 노파들〉	〈노파의 절망〉
〈여기서 멀리〉	〈아름다운 도로테〉
〈시계〉	〈시계〉
〈여행〉	〈이 세상 밖이라면 어디라도〉

이 중복작의 비교분석—테마별로 그리고 동시에 시적으로—은 분명히 소중하다. 여기에서 몇 가지 개괄적인 결론을 끌어내기 전에 두 편의 〈여행에의 초대〉가 보여주는 명확한 사례에 관하여, 좀더 인내심 있게 세부를 연구해 보자고 제안하고 싶다. 1855년과 1857년이라는, 적어도 2년의 간격을 두고 작성된 두 텍스트를 대조해 보면 무엇이 확인될까?

1) 우선, 운문 테마의 주요 조직망을 산문에서 재사용하는데, 둘 사이에서 보이는 발상의 광범위한 공통성.

— 여행 자체가 아닌 여행에의 호소.
— 은연중에 암시된 플랑드르 풍 장치를 통한 "동양"과 "서양" 두 풍경의 종합.
— 만물조응의 대표적인 장소라고 할 수 있는 침실의 장식을 따라가는 몽상의 구체화.
— "초대받은" 여자의 "편안"하고 여전한 모습. 《악의 꽃》에서는 "내 아이, 내 누이", 《파리의 우울》에서는 "오랜 친구".
— 모든 감각을 진정시키기 위해 고안된 바로크적 호사에 대한 약간 나른한 공통된 호의.

2) 다른 관점에서 보면, 시를 지탱하는 것은 변화하지만 다음과 같은 것을 보존하려는 욕구가 나타난다.

— 엘레지의 검소함과 서정성의 온건함 사이에서 공유하는 동일한 어조.
— 운문에서는 "후렴구"에 중점을 두고, 산문에서는 되풀이와 조응과 또 다른 어휘상의 반복을 미묘하게 작동시켜 후렴구의 인상을 주는 동일한 구조.

3) 그 대신 격심한 대립이 두 작품의 "낙하" 사이에 나타난다. 웅얼거리는 자장가와 이미 너무나 닮은 운문시는 시인(시에서는 아마도 남녀 커플)과 텍스트 자체의 이중의 잠 위에서 완성된다. 단어와 시구가 여기에서는 혼수상태, 마비상태에 빠지는데, 이러한 상태는 "다른 곳"을 생각해 낼 수 없어서 "이곳"의 아늑한 친밀감을 보호한다. 산문소시에서는 텍스트가 끝나기 전에 시의 언술 자체에 의한 시의 중심 테마에 대한 비판이 명시적으로 나와 있다. 산문이 더 자유롭고, 어떤 의미로는, 이 작품에서 산문이 더 멀리 간다고 한다면, 그것은 스스로의 말에 대한 자기비판, 즉 자기검열을 하기 때문이다. "꿈이다! 언제나 꿈! 그리고 영혼이 야심만만하고 섬세할수록 꿈은 영혼을 가능성으로부터 멀리 데려간다." 운

문이 영혼의 신기루, 따라서 영혼의 허구 또는 기만을 비추는 평온한 거울에 불과한 바로 그곳에서, 산문은 거울의 균열을, 다시 말해 자기 자신과 세계의 "반대쪽으로 가는" 진짜 "여행"을 감히 꿈꾸는 것이다. "내 정신이 그려낸 이 그림, 그대를 닮은 이 그림 속에서 우리가 언젠가 살게 될까, 그곳으로 가게 될까?" 운문이 충만의 거짓 기적을 실현했다면, 산문은 결핍과 파탄의 통렬한 고뇌를 감히 말한다.

이 두 편의 시에 관하여 지금 지적한 것들을 위에서 열거한 중복작 전체로 확대 적용할 수 있을 것 같다. 거의 모든 산문작품이 보통은 시간적으로, 그리고 항상 "존재론적"으로 운문의 선행성 때문에 피해를 본다.《악의 꽃》시들의 선재先在가, 산문의 자유 공간이 제공했어야 할 테마와 표현법의 만개를 무력화시키기나 한 것처럼. 산문시집의 독자적인 창조행위는 대체로 희한하게도 이 만개에 성공하는데 말이다. 그러나—산문판〈여행에의 초대〉에서와 마찬가지로〈머리타래 속의 반구〉에서도 명백한데—테마와 형식에서 산문이 운문에 종속되어 있다고는 해도,《파리의 우울》텍스트의 "특이함"을 형성하는 형상, 환상, 그 밖의 "야릇함"이 은밀하게 분출하는 것을 막지는 못한다.

"특이한", 이것이 보들레르가 1865년 3월 9일 어머니에게 쓴 편지에서 자신의 시도를 규정하는 데 사용한 바로 그 형용사다. 그는 이렇게 말한다. "저는 특이한 작품, 적어도《악의 꽃》보다 더 특이하고 더 의도적인 작품을 만들고 싶어요. 이 작품에서는 소름끼치는 것과 익살스러운 것을, 다정함과 증오조차 결합하려고 합니다." 여덟 달 후, 쥘 트루바에게 보낸 편지에서는 이 합병을 완전한 것으로 만든다. "저는《파리의 우울》에 꽤 만족합니다. 이것은 여전히《악의 꽃》입니다만, 훨씬 더 많은 자유와 상세함, 조롱을 갖고 있습니다."[43] 테마 면에서 두 시집 사이의 주된 차이는, 실제로 몇 가지 상황과 몇 가지 행동이 보여주는 "익살"이나 "조롱"의 격화에 있다. 플로베르라면 "서글픈 그로테스크"라고 말했을 〈못된 유리장수〉의 에피소드 말미에서 보들레르는, 장 폴 사르트르가 "골려주기mystification"와 "근거 없는 행위"의 합치를 보는 이 "발작"에 대하여 흥미로운 정의를 내린다. "이 신경질적인 못된 짓에는 위험이 없지 않고, 종종 비싼 대가를 치를 수도 있다. 그러나 한순간 속

43 1866년 2월 19일의 편지. "여덟 달"이 아닌 11개월 후의 편지이다.

에서 향락의 무한을 찾아낸 자에게 지옥징벌의 영원함이 무슨 대수인가?"

《파리의 우울》의 가장 뛰어난 산문은 아마도, 보들레르 의식의 가장 깊은 곳에서 온 "위태로운" 저속함으로 잔뜩 팽팽해진 시가, "짓궂은 **악마들**이 우리 내면으로 슬그머니 들어와서 우리도 모르는 사이에 그 악마들의 가장 터무니없는 의지를 우리로 하여금 완수케 한다고 믿게 만드는 저 발작과 저 충동"[44]의 무대 공간이 되는 그러한 산문일 것이다. 이렇게, 〈우아한 사수〉와 〈위조화폐〉의 "기분 나쁜" 촌극에서도, 〈끈〉, 〈케이크〉 또는 〈가난뱅이를 때려눕히자!〉 같은, 여기저기에서 뒤카스나 빌리에[45]의 신랄한 향기를 풍기는 저 일종의 "잔혹콩트"에서도 사정은 마찬가지다. 그러나 이 장르의 걸작은, 말할 필요도 없이 〈영웅적인 죽음〉이라는 제목의 제XXVII번 작품이다. 여기에서는 익살광대 시인이 광대 팡시울 역할을 맡아 극적으로 무대에 등장한다. 그는 군주의 도착적인 쾌락을 위해, 완전히 천재적이고 완전히 절망적인 죽음의 희극을 연기하는 형刑을 받았다.

팡시울은 그날 저녁 완벽한 이상화였으므로, 그 이상화가 살아있다고, 가능하다고, 현실이라고 생각하지 않을 도리가 없었다. 이 광대는 그의 머리 둘레에 불멸의 후광을, 누구에게도 보이지 않지만 나에게는 보이는, **예술**의 빛과 **순교**의 영광이 기묘한 아말감이 되어 섞이는 후광을 두르고, 가고, 오고, 웃고, 울고, 경련을 일으키는 것이었다. 팡시울은 뭔지 모를 특수한 은총으로, 신성한 것과 초자연적인 것을 가장 괴상망측한 광대놀음에까지 끌어들였다. 잊지 못할 그날 저녁의 일을 독자에게 전하려고 하는 동안에도, 펜이 떨리고, 가시지 않는 생생한 감동의 눈물이 눈에 차오른다. 팡시울은 나에게, **예술**의 도취는 다른 어떤 도취보다도 심연의 공포를 가리기에 적합하다는 것을, 그리고 천재는 무덤가에서도 무덤과 파멸의 관념이라면 깡그리 몰아내는 낙원에 이렇게 몰입하면 무덤이 보이지 않을 정도의 환희를 느끼면서 희극을 연기할 수 있다는 것을, 반박의 여지없는 단호한 방식으로 증명한 것이다.

뒤세의 약간 우울한 판타지오와 라포르그의 병약한 피에로들의 중간쯤, 모종의 낭만주의에서 보이는 "열

44 《파리의 우울》, 〈못된 유리장수〉(IX).
45 뒤카스는 로트레아몽(로트레아몽의 본명이 이지도르 뒤카스)을, 빌리에는 빌리에 드 릴아당을 말한다.

광적인 히스테리"와 희미하게 나타나기 시작하는 데카당스의 신경성 변덕의 중간쯤에 있는 보들레르는 여기에서 《악의 꽃》 등장인물의 어느 누구보다 더 감동적인, "자아도취의" 현대성을 체현하는 위대한 인물상 하나를 창출한다. 팡시울은 자기의 창조적인 몸짓의 덧없음을 존재의 위협에 대치시킴으로써, 제프리 멜만이 평론 〈보들레르와 프로이트. 이론과 고통〉에서 쓰고 있듯이, "삶을 찬양하는 의식儀式의 거행 속에서 죽음에 대한 의식意識을 모두 지워버린다." 처음에는 적의에 차있었지만 결국 매료된 군주와 "참으로 무감각하고 경박한 관중"이 채우고 있는 객석 앞에서, 그는 사실 그 자신과 시인(배우-관객)을 위해 작위적인 무관심으로, "현대생활의 영웅성"의 마지막 시퀀스를 연기한다. 한 아이의 날카로운 휘파람이 위태위태한 팬터마임을 끝장내리라.

팡시울은 흔들거리다, 꿈속에서 정신이 들어, 처음에 눈을 감았다가, 거의 즉시 엄청나게 크게 눈을 다시 떴고, 그러더니 경련을 일으키듯이 숨을 들이마시려는 듯 입을 벌리고는, 조금 앞으로, 조금 뒤로 비틀거리다, 무대 위에 뻣뻣하게 넘어져 죽어버렸다.

그러나 "한순간 속에서 향락의 무한을 찾아낸 자에게 지옥징벌의 영원함이 무슨 대수인가?" 그의 환희와 황홀에 찬 배우로서의 실력행사로 팡시울은 "궁정인들"의 음모에 맞서 결연히 항의한 것이다. 역사와 사회의 장기판에서 손해 봄으로써, 이 불안정한 광인은 당당한 희생을 치르고 시간을 초월한 기호 세계에서 결정적인 지배력과 왕위를 차지한다.

그날 이후, 이런저런 나라에서 정당한 평가를 받은 많은 무언극 배우가 찾아와 ××× 궁정에서 연기를 했지만, 그들 중 어느 누구도 팡시울의 놀라운 재능을 방불케 할 수도, 똑같은 총애를 받을 수도 없었다.

이와 같은 시들은《파리의 우울》의 산문에서 시의 두 가지 표현형식을 기술적인 측면에서 시도해 본다는 단순한 의도 이외의 것이 작동한다는 사실을 충분히 입증한다. 보들레르가《악의 꽃》의 강박에서 해방될 때, 너무나 반듯하게 "각 잡힌" 운문이 놓쳐서 어둠 속에 남겨둔 잔상인 발화되지 않은 것으로, 산문소시에서 다가간다는 것이 분명하다. 발화되지 않은 것을 산문의 "유동성"은, 거품과 표착물이 실린 파도처럼, 때로는 침묵과 서투름 사이에서 시적 언어의 기슭으로 실어간다.

3. "시적 산문의 기적" 보들레르 자신은 이 실험이 갖게 될 본질적으로 "예측 불가능한" 성격을 잘 알고 있었다. 1862년 8월 26일《라 프레스》지에 발표된 아르센 우세에게 보낸 유명한 헌사의 편지에서,《악의 꽃》의 체계적이고 면밀한 "건축가"가 "세분화"의, "회전"의, "부정맥"의 "편리함"을 소리 높여 주장하는 것을 보는 일이 적어도 흥미롭기는 하다. 이 놀라운 자료는 그 전체를 재독할 가치가 있다.

친애하는 벗이여, 귀하에게 조그마한 저작 하나를 보냅니다. 그런데 이것에 대하여 꼬리도 머리도 없다고 말하는 사람이 있다면 그건 어불성설이겠지요. 왜냐하면 그와 반대로 여기에서는 모든 것이 교대로, 상호적으로 머리인 동시에 꼬리이기 때문입니다. 이러한 배합이 우리 모두에게, 말하자면 귀하에게도, 나에게도, 독자에게도 얼마나 기막힌 편의를 가져올지 생각해 보십시오. 우리는 내키는 곳에서 중단할 수 있습니다. 나는 몽상을, 귀하는 원고를, 독자는 자기 독서를. 나는 독자의 어기대는 의지를 한없이 이어지는 군더더기 줄거리에

붙들어 매놓지 않으니까요. 등뼈 하나를 들어내 보십시오. 그러면 이 구불구불한 환상의 두 부분은 어렵지 않게 합쳐질 것입니다. 이것을 또 여러 조각으로 잘게 썰어보십시오. 그 하나하나가 따로 생존할 수 있음을 당신은 알게 될 것입니다. 이 가운데 몇 토막이 귀하 마음에 들고 재미있게 해줄 만큼 충분히 활기차리라 기대하면서, 감히 뱀을 통째로 귀하에게 드리고 싶습니다.

귀하에게 작은 고백 하나 해야겠습니다. 적어도 스무 번째였던 것 같습니다만, 알루아시위스 베르트랑의 유명한《밤의 가스파르》(귀하와 나, 우리의 친구 몇 명에게 알려진 책이라면 *유명*하다고 불릴 모든 권리를 갖고 있지 않겠습니까?)를 펼쳐 읽는 동안, 뭔가 비슷한 것을 시도해 보고 싶은 생각이 들었습니다. 그가 참으로 기묘하게도 회화적인 풍부한 옛 생활 묘사에 적용한 수법을 현대의 생활, 아니 그보다는 현대적이고 보다 추상적인 *어느 하나의* 생활에 적용하고 싶은 생각이 머리에 떠올랐던 것입니다.

우리들 가운데 과연 누가 그 야심만만하던 시절에, 리듬도 각운도 없으면서 음악적이고, 영혼의 서정적 약동에, 몽상의 파동에, 의식의 요동에 적용할 수 있을 만큼 충분히 유연하고 충분히 거친 시적 산문의 기적을 꿈꾸지 않은 자가 있겠습니까?

특히 거대 도시들을 빈번히 왕래하고, 그 수많은 관계가 교차함으로써 이 끈질긴 이상이 태어나는 것이지요. 귀하 자신도, 오 벗이여, 하나의 *노래*로 *유리장수*의 날카로운 외침을 글로 나타내 보려고, 이 외치는 소리가 거리의 잔뜩 낀 안개도 뚫고 다락방까지 실어다 주는 온갖 서글픈 암시를 서정적인 산문으로 표현해 보려고 시도하지 않았습니까?

그런데 사실을 말하자면, 이 질투심이 나에게 행운을 가져다주지는 않았다는 생각에 걱정이 됩니다. 일을 시작하자마자, 신비하고도 빛나는 모델로부터 동떨어져 있을 뿐 아니라, 기묘하게 다른 어떤 것(그것을 *어떤 것*이라고 부를 수 있다면 말입니다만)을 만들고 있음을 깨달았습니다. 나 아닌 다른 사람이라면 분명히 자랑스럽게 여길 수 있을 이 예기치 못한 결과는 계획한 것을 *정확하게* 완수하는 것을 시인 최대의 명예로 삼는 정신에게는 심히 수치스러운 사고事故일 뿐입니다.

귀하의 다정한 벗.

C. B.

이 편지의 첫 번째 강점은, 책 전체의 구조화-탈구조화라는 원칙적인 불연속을 정립한 일이다. 일관된 직선성("시작과 끝")을 알아보라고 독자에게 요구한 1857년의 시집과는 반대로, 《파리의 우울》은 조각과 파열이라는 어휘로 기술되어 있다. 토막 난 뱀이 자아내는 아름다운 은유는, 작품이 그 "조각들"의 전체이며 각각의 텍스트가 틀림없이 "따로 존재할" 수 있다고 생각할 여지가 있는 관념, 그 상황이 《악의 꽃》 시들의 경우와는 달리 연장이나 공존 같은 관계로 결정되는 일은 전혀 없다는 관념을 강력하게 시사한다. 이 책에 구조가 있다 해도, 그것을 찾아야 할 곳은 각 텍스트의 결집과 쥘리앵 그라크가 말하는 "핵 응집력"이지 그 어떤 총체적인 은밀한 건축은 아니다.

더욱이 다음과 같은 것을 지적하자. 보들레르는 한때 자신의 작품과 초고를 "분류"하려고 한 것으로 보이는데(그의 수첩에서는 '파리 풍물', '해몽' 또는 '상징과 교훈' 같은 그럴듯한 제목이 발견된다), 결국 그것은 전혀 실행되지 못했고 생전에 발표된 산문을 되는 대로 기분에 따라 말하자면 "배분"하는 것에 그쳤다. 후에 일어날 수 있을 법한 형식상의 재분류를 하게 되면(예컨대 H. 페르는 〈늙은 어릿광대〉 같은 "도덕적 교훈담", 〈못된 유리장수〉 같은 "신랄한 콩트", 〈아름다운 도로테〉나 〈마드무아젤 비스투리〉 같은 파리의 "삽화"와 "초상"을 구별하자고 제안한다), 그것이 아무리 타당하다 할지라도, 걸출하게 개방적인 이 책의 엄청나고 풍요한 "폴리토피아"를 덮어 가리게 된다.

두 번째 유혹은 명백하거나 숨겨진 그 "모델"에 준거하여 작품을 위치시키고 설명하려는 것이겠다. 보들레르가 최초의 산문시를 쓰기 시작할 때 실제로 쥘 르페브르-되미에(《발Val 수도원의 저녁예배》)나 알퐁스 라브(《저주받은 자의 지옥, 서글픈 여가》) 같은 몇몇 낭만주의 군소 작가들이 했던 시도를 알고 있었다. 특히 그는, 알루아시위스 베르트랑의 《밤의 가스파르》의 산문시를 1842년 출판 당시 찬탄했던 예외적인 독자의 한 사람이었다. 베르트랑에 대한 찬사는, 앞에서 보았듯이 A. 우세에게 보낸 편지에서 몹시 두드러진다. 하지만 《산문소시》 작가에게 끼친 "렘브란트와 칼로 풍 판타지" 작가의 실질적 영향을 과대평가하지 않도록 주의하자. A. 베르트랑의 기획은 산문을 시의 "형태로 만들"어, 능숙한 기법(후렴구, 연구聯句, 리듬과 하모니 효과)을 다량 구사하여 산문에서 시적 밀도가 높은 텍스트 단위를 새겨내는 의지를 특징으로 하고 있었다. 문장에서 시까지, 환상적이거나 그로테스크한 에피소드도 포함하여 《밤의 가스파르》에 있는 모든 것은, 산문조의 진부함이 불식되는 저 완벽한 "발라드"를 얻기 위해 조직되고 편성된다. 그런데 보들레르는 자기 고유의 방식이, 산문시를 명확히 하고 또 그것을 일상의 산문으로부터도 샤토브리앙이나 제라르 드 네르발 풍의 시적 산문으로부터도 독립시키려는 것과는 전혀 다른 길로 자신을 끌고 간다는 사실을 금방 깨달았다. 편지-헌사의 마지막 문단이 그 사실을 분명히 말해주며 다른 곳, 즉 시인의 "수첩"에서는 최초 "모델"로부터의 거리두기를 보다 선명하게 고백한다.

> 나의 출발점은 알루아시위스 베르트랑이었다. 그가 회화적인 옛 생활에 대하여 한 것을, 나는 현대의 추상적인 현대생활에 대하여 해보고 싶었다. 그리고 처음부터 나는, 내가 본받고 싶었던 것과는 다른 것을 만들고 있음을 알아챘다. 다른 사람이라면 이것을 자랑스러워하겠지만, 모름지기 시인이란 항상 자기가 하고자 하는 것을 해야 한다고 믿는 나로서는 치욕일 뿐이다.

반면 보들레르가, 이번에는 "현대생활의, 아니면 오히려 현대적이고 보다 추상적인 *어느 하나의* 생활 묘사에" 적용하면서, 베르트랑이 좋아하는 "회화적 묘사"의 수법을 답습하고 싶었다고 말하는 것도 믿을 만하다. 《밤의 가스파르》의 고딕 풍 또는 플랑부아양 양식이 정취와,《파리의 우울》의 "색채"와 모든 시각적 효과 사이의 유사성은 확연하다. 보들레르가 어딘가에서 베르트랑과 조우한다면 그것은 바로 "이미지를 위해서 음악을 침묵케 하려는 — 적어도 소리를 약화시키려는"(R. 코프) 강화된 의지에서다. 이미지를 시의 다른 모든 방편보다 우위에 둔다는 것은《악의 꽃》에서 이미 그 중요성을 강조한 바 있는데 여기에서 한층 더 무게를 갖는다. "리듬도 각운도 없으면서 음악적"인 시적 산문에서 기적을 기대하는 것이라면, 이미지의 모티프와 그 색채의 효력으로 볼 때, "영혼, 몽상 그리고 의식"에 정서적으로 말을 거는 것은 오로지 이미지의 역할이리라. 베르트랑은 칼로와 렘브란트를 상대로 시로써 경쟁하기를 꿈꿨다. 보들레르는, 실제로 발설하지는 않지만 자신의 산문으로 도미에, 메리옹 또는 콩스탕탱 기스 같은 화가가 데생이나 판화로 보여주는 현대성의 일상적 신화 장면들에 필적하는 최고의 문학적 복제품을 만들고 싶어한다.

1860-61년 무렵에 시인이 화가, 소묘가 또는 판화가인 어느 예술가와 실질적인 공동제작을 생각하고 있었던 것은 거의 확실하다. 1861년 크리스마스 날 우세에게 보낸 또 하나의 유명한 편지에서, 그는 자신의 글에 삽화를 넣게 할 수도 있음을 얼핏 내비친다. "에첼은 이

책에서 그림이 들어간 낭만적인 책 한 권 정도 만들어낼 소재를 발견할 겁니다." 그러나 사실 한 해 전의 첫 계획은, 어떤 무명 에칭 화가의 이미지를 시적으로 고양시키기 위해 자기 산문의 이미지들을 사용하는 것이었다. 이 에칭 화가는 그의 작품으로 〈1859년 살롱〉을 집필 중이던 시인을 열광시킨 샤를 메리옹(1821-1868)이다.

몇 년 전, 사람들 얘기로 해군 사관이라는 강력하고 특이한 사람이 파리의 가장 정취 있는 소망을 기초로 하여 일련의 에칭 습작을 시작했다. 그의 데생이 가진 가열함, 섬세함, 확실함 때문에 메리옹 씨는 연로하고 뛰어난 에칭 화가들을 떠올리게 했다. 거대한 도시의 자연스러운 장엄함이 이보다 더한 시정을 담아 표상된 것을 좀처럼 본 적이 없다. 겹쳐 쌓아 올린 돌의 위용, *손가락으로 하늘을 가리키는* 종탑들, 창공을 향해 동맹하여 연기를 토해내는 공업의 오벨리스크들, 건축의 견고한 본체 위에 참으로 역설적인 미의 듬성듬성한 골조를 덧대는 보수 중인 건조물의 경이로운 비계, 분노와 원한을 품은 소란스러운 하늘, 거기에 담긴 모든 드라마에 대한 생각으로 인하여 증폭된 전망의 깊이 등, 비통하고 영광에 찬 문명의 상식을 구성하는 복잡한 요소의 그 어느

것 하나 거기에는 빠진 것이 없었다.[46]

메리옹 판화작품의 대부분은 도시와 건축이 대대적으로 변화하는 중인 오스만의 파리에 바쳐지는데, 거기에 묘사된 장소와 환경(물, 돌, 센 강의 다리, 해체되고 있는 구역)과 동시에, 이 도시에 쏟은 이례적인 시선 때문에 보들레르를 열광시킬 수밖에 없었다. 시인은 〈벌거벗은 내 마음〉에서 이 사람을 "불운한 광인"라고 부른다. 피에르 장 주브는《보들레르의 무덤》에서, 정신적 고통과 질병에 갉아 먹히고 있던 두 창작자가 1859년에 겪었을 터인 극적이고 열렬한 만남을 감명 깊게 그리고 있다. 그는 이렇게 말한다. "메리옹 작품에서 문제되는 것은 결국 파리의 붕괴와 광기다." 이 예술가는 파리와 "연통관連通管" 상태로 공존하는 것이다. 보들레르는 당시 자기의 산문에서 현대성의 비법을 탐색 중이었기 때문에, '파리 풍경'의 작가가 이 화가에게 쏟을 수 있었던 관심이 이해된다. 현대성의 문제점과 위기가 **도시**의 그것과 섞이기 시작하는 것을 시인은 잘 알고 있었던 것이다. 기대했던 공동 제작은, 보들레르 입장에서는 대단히 애석하게도 실현되지 않았다. 그러나 산문의 길, 말하자면 "더러운 거대 수도"에서 분비된 어슴푸레하고 감동적이고 때로는 충격적인 시의 비스듬히 구부러진 길을 통하여, 보다 강력하게 떠밀린 탐사가 강요된다는 확신이 그에게 남았다. 이렇게 그의 시집의 중심이 되는 "파리" 시편은 더욱이 1864년에 《파리의 우울》이라는 임시 제목과 연결되기도 하는데, 메리옹과의 만남에 이어지는 2, 3년에 걸쳐 작성된다는 사실이 주목된다.

《악의 꽃》은 결국, 제2부에서도, 파리의 분위기와 "군상群像"은 거의 묘사하지 못했다. 그에 비하여 보들레르의 산문은, 그때까지 운문의 제약에 의해 억눌리거나 너무 사그라져 있던 도시의 테마들을 활짝 피어나게 하고 폭발하게 만든다. 이번에도 라포르그가 제대로 보았듯이, 산문으로 "그는 파리를 수도의 저주받은 일상 안에서 이야기한 최초의 시인이다." 샤를 아슬리노가 들려주는 이야기 덕분에 시인이 어떻게, 특히 1850년대에 《파리 생활 정경》의 발자크 풍으로 수도를 "염탐하는" 저 예술가의 하나가 되었는지 알 수 있다. "그는 장면에서 장면으로 그리고 정담에서 정담으로 자기의 생각을 끌고 다녔다. 그는 외부의 대상들로써 사고력을 길렀고, 모순을 통해 사고를 단련했다. 따라서 작품은 인생

46 〈1859년 살롱〉, 'VII. 풍경'.

의 요약, 아니 오히려 인생의 꽃이었다." 그러나 아라공의 《파리의 농부》나 브르통의 《나자》 같은 미래의 가장 뛰어난 대목에서 풍기는 것만큼 기묘하고 폐부로 파고드는 향기를 지닌 진짜 파리의 "꽃들"은 분명히 1860년 이후의 산문시에서 딸 수 있다. 〈새벽 한 시에〉는, "귀가 가 늦어져 기진맥진한 몇 대의 승합마차 굴러가는 소리밖에는 들려오지 않는" 고요한 고독 속에서, "끔찍한 도시"를 떠돌며 바보같이 보낸 한나절을 삐딱하게 빈정대면서 그렇게 돌아보는 것이다. 〈과부들〉에서, 내레이터의 모호한 눈길은 공원들, 즉 "시인과 철학자"가 "확실한 양식"을 찾아 "그 허기진 추측을 이끌고 가기 좋은 장소들"을 서글픈 빛으로 비춰낸다. 〈마드무아젤 비스투리〉의 "성문 밖 거리 끝, 가스등 불빛 아래"는 파리를 묘사한 산문의 중심 정리定理를 거의 초현실주의적 수법으로 증명해 보인다. "대도시에서 산책하고 바라볼 줄 안다면 어떤 괴이한 일들을 발견하지 못하겠는가? 생활 속에는 죄 없는 괴물들이 우글거린다."

그러나 보들레르가 파리에서 얻은 영감으로 진가를 발휘한 것은, 특히 1861년의 놀라운 시 〈군중〉이다. 그는 《파치노 카네》에서 발자크가 보여준 직관, 에드거 포와 그의 〈군중인〉의 고양과 더불어 도미에의 들끓는 에너지를 거기에서 재발견한다. 도미에에 관하여 보들레르는 이렇게 말했다. "그의 작품을 펴서 살펴보라, 하나의 대도시가 품고 있는 살아있는 잔학함 전체가 그 환상적이고 충격적인 실체의 모습으로 여러분 눈앞에 펼쳐지는 것을 보게 될 것이다. 대도시가 안에 품은 무시무시하고 그로테스크하고 불길한, 그리고 익살스러운 보물 전체, 그것을 도미에는 알고 있다."[47]

보들레르의 군중은 그 포착하기 어려운 현재 속에서도 도회와 "민중의" 현대성에 있는 별개의 얼굴들, 즉 고독과 다중, 수數와 단독, 단일성과 다양성을 화해시킨다. 상실과 재발견, 허위와 절대 진실의 장소인 시인의 군중은, 메리옹의 회화적 상상세계에 그렇게 하듯, 보들레르의 시적 상상세계에, 침례의식을 위한 비길 데 없는 "연통관"을 제공한다. 이 침례에서 그는 자신을 녹이는 동시에 원천으로 돌아가기를 기대한다.

> 군중 속에 잠기는 것이 누구에게나 주어지지는 않는다. 군중을 즐기는 일은 하나의 기술이다. 그리고 남을 활용하여 생명력을 잔뜩 먹고 마실 수 있는 것은, 요람

47 〈프랑스의 풍자화가 몇 사람〉, '도미에'.

속에서 요정이 가장假裝과 가면 취향을, 집에 대한 혐오와 여행에의 정열을 불어넣어 준 사람뿐이다.

군중, 고독. 활동적이고 재능이 많은 시인에게는 대등하고 교환가능한 말이다. 자신의 고독을 사람으로 넘쳐나게 할 줄 모르는 자는 바쁜 군중 속에서 고독하게 있을 줄도 모른다.

시인은, 마음대로 자기 자신이 될 수도 타인이 될 수도 있는, 이 비길 데 없는 특권을 누린다. 육신을 찾아 떠도는 저 영혼들처럼, 시인은 자기가 원할 때면 어느 인물 속으로도 들어간다. 그에게만은 모든 것이 비어있다. 그리고 어떤 장소들이 그에게 닫혀있는 것처럼 보인다면 그것은 그가 보기에 찾아갈 가치가 없기 때문이다.

"건설적 상상력"의 결합능력은 군중 속에서, 선택을 수행하고 상호 간의 조응을 직조하고 존재물과 "친숙해지는" 장소로서의 살아있는 농밀한 두께를 특히 찾아낸다. 《악의 꽃》은 보다 은밀한 상징체계에 따라 구원을 가져오는 재구축 실천에 완전히 성공했다. 이번에는 "역사적으로 위치한 세계와 사회"(R. 장) 같은 이원적 성격(에너지-부패)의 시적 소우주인 도회의 소용돌이 속에서, 보들레르는 인간으로서의, 창작자로서의, 도시인-

시민으로서의 그의 모든 환상을 해방된 말의 축제로 불러들일 수 있는 것이다.

그런데 《산문소시집》 사후 간행본에, 만듦새는 좋으나 위치가 부적절한 운문 〈에필로그〉를 첨부한 미셸 레비의 선택을 어떻게 생각해야 할까?

흐뭇한 마음으로, 나는 산 위에 올랐다
병원도, 사창가도, 연옥도, 지옥도, 감옥도,
도시를 통째로 내려다볼 수 있는 곳,

온갖 터무니없는 일이 꽃처럼 피어나는 곳.
그대 알고 있지, 내 비탄의 수호자, 오 사탄이여,
헛된 눈물 쏟으러 내 거기에 가지 않는다는 걸.

그러나 늙은 호색가가 늙은 정부情婦에 취하듯,
나는 지옥의 매력으로 끊임없이 나를 회춘시키는
그 거대한 창녀에 취하고 싶었다.

무겁게, 어둡게, 감기에 걸려, 그대 아직
아침 이불 속에 잠들어 있건, 혹은 순금으로

장식 끈 달린 저녁 장막 속에서 활개 치건,

나는 그대 사랑한다, 오 야비한 수도! 창녀들과
강도들아, 이렇게 너희들이 종종 갖다주는 것은
무지한 상것들이 알지 못하는 쾌락이지.

〈에필로그〉는 《악의 꽃》과 《파리의 우울》을 관통해 온 테마의 일대 곡선(쇠퇴, 죄악, 악마주의, 도취와 유혹, 욕망과 선정성)이 잔뜩 실린 마법문서를 작품의 황혼에 제공하는 것으로 정당화되고 제자리에 놓이는 셈이다. 이때 배경포가 되는 것은 여성성의 폭풍우가 "야비한 수도"의 그것과 결합하는 소란한 하늘이다. 그렇다면 왜 이렇게 운문에 "최후의 말"을 요구하는 것일까? 그의 마지막 산문시 〈선량한 개들〉에서 보들레르는 "시의 노쇠"에 결말을 냈다.

아카데믹한 뮤즈는 꺼져라! 얌전 빼는 이런 노파 따위 필요 없다. 나는 허물없는 뮤즈, 도시의 뮤즈, 살아있는 뮤즈에게 간청한다. 선량한 개들, 가련한 개들, 진흙투성이 개들, 그들의 동료인 가난뱅이와 그들을 형제 같은 눈길로 바라보는 시인을 제외하면, 페스트에 걸리고

이가 들끓는다고 누구나 멀리하는 개들을 노래하도록
도와달라고.

〈에필로그〉의 운문은 게다가 십중팔구 미완성으로 보이는데, 이것이 《파리의 우울》 산문의 "현대적인" 윤곽을 훼손할 위험이 있는 "아카데믹한" 결함은 아닐까?

개인적으로는 이것을 1869년 편집자의 미숙함이라고 생각하지 않는다. 오히려 이 선택에서는, 〈영웅적인 죽음〉이나 〈군중〉같이 곳곳에 박힌 이론의 여지 없는 성공작에도 불구하고 보들레르가 자신의 "고된 삶"을 이야기하고 노래하는 데 있어서, 산문의 최대치를 활용할 줄 몰랐거나 활용할 수 없었음을 사실상 인정한 것으로 보인다. 이것은 《악의 꽃》이 먼저 쓰인 글이라는 사실로 인한 중압일까? 아니면 그토록 뿌리 깊은 이원론자인 그의 내면의 천재성이, 심정과 이해력 사이에서 수없이 되풀이된 충돌보다는 상상계의 비약과 열광에 더 익숙한 구조에는 적응하지 못하는 것일까? 어쨌든 그가 산문이라는 도구로 무엇을 할 수 있는지 대체로 파악하지 못했던 것으로 보인다. 게다가 그는 아마도 우세에게 보낸 편지에 등장하는 꿈꾸는 듯한 표현을 빌리자면, 진짜 "기적"을 간파하지는 못하고 산문을 여타의 시적인 글쓰기 가운데 하나의 양식으로만 여겼던 것 같다. 이 기적은 랭보, 로트레아몽, 그리고 좀더 나중에 초현실주의자들이 실제로 산문 안에서 "꽃피게" 할 수 있으리라. 그가 알루아시위스 베르트랑 또는 더욱이 모리스 드 게랭 같은 시인에게 존속하고 있던 "완고함"에 비하면 산문의 해방에 효과적으로 기여했다 해도, 몇 작품을 제외하고는, 이러한 유형의 글쓰기 역학과 "파격"에 대한 보다 지속적인 내기를 감행하지는 못했던 것이다.

랭보는 1871년 5월 15일 폴 드므니에게 보낸 편지에서, "보잘것없는 형식"이라고 보들레르를 전반적으로 혹평하는데, 그것은 잘못 생각한 것이다. 대신 《산문소시》에만 관련된다면 그의 지적은 유효하다. "미지의 것의 발명은 새로운 형식을 요구한다." 이러한 비판이 실은 19세기와 20세기에 주는 보들레르의 유산과 영향의 문제를 제기한다.

제6장 유산과 영향

1. "지대하고 성가신 영향… " 보들레르는 오늘날, 서점의 판매량, 박사논문의 수량과 비중 또는 바칼로레아에 출제되는 텍스트 주석의 빈도에 의하여 저 끊임없이 바뀌는 시의 "가치" 서열에서, 호불호와는 상관없이 위고와 함께 1인자의 자리를 공유한다. 위고에게는 이 자리가 전혀 놀라울 것이 없다. 그에게는 수십 권의 시집, 수만 행의 시구, 국민적 인물로서의 후광이 있고, 그의 뒤에는, 그가 통솔한 이상으로 그가 체현한 낭만주의 현상의 위광 전체가 있다. 그런데 보들레르는! 동시대인들에게 경멸당하고, 생전에도 사후 사반세기 동안에도, 맹목적인 비평에 헐뜯긴, 단 한 권의 시집뿐인 이 시인이 어떻게 이러한 사후의 영광에 도달할 수 있었을까? 수년 동안 소송당하고, 검열당하고, 중상모략의 대상이었던 《악의 꽃》이 어떻게 실제로 국제적인 영향력을 행사하

는(스윈번, 단눈치오, S. 게오르게 또는 H. 폰 호프만슈탈을 생각해 보라) 프랑스의 마지막 대시집이 될 수 있었을까?

자기들의 "운명"에 당연히 마음을 쓴 그 많은 작가들과는 반대로, 동시대인들에게 인정받기를 갈망하던 보들레르가 사후의 명성은 거의 꿈꾸지 않았던 만큼 이것은 더욱 놀라운 일이다. 이러한 부류의 "여담"을 그의 작품에서 찾기는 좀처럼 쉽지 않다.

나 그대에게 이 시를 주노라 행여 내 이름
다행히 먼 시대에 닿아
어느 날 저녁 사람들의 정신을 꿈꾸게 하면,
거센 북풍에 힘 받은 배와도 같은,

그대 기억이, 막연한 전설을 닮아,
독자를 팀파논처럼 지치게 하고,
우애롭고 신비한 사슬로
오연한 나의 각운에 매달린 듯 남아있도록.

—《악의 꽃》, XXXIX

그가 사망한 직후에, 어리석거나 악의를 가진 유력한 비평계는 게다가 자기들의 무관심이 옳다고 주장한다. 베를렌, 라포르그, 위스망스 또는 폴 부르제 같은 작가들이 그에게 바치는 아름다운 글을 제외하면, 19세기 말의 비평계 및 학회 논설의 어조와 내용에 망연자실한다. 다음과 같은 브륀티에르의 한 문장이 그 사실을 제대로 요약해 준다. "그의 우스꽝스러운 당디슴 코스프레, 《악의 꽃》에 등장하는 이런저런 패러독스는 20년 전부터 지대하고 성가신 영향력을 행사했다…"

그 어떤 세나클에 군림한 적도, 진정한 문하생을 육성한 적도, 수많은 모방자를 생성한 적도 없이, 프랑스 시의 흐름뿐 아니라 프랑스의 비평적 심미적 감성의 흐름을 완전히 바꾸게 되는 시인의 영향이라면 과연 "성가신 영향"이기는 하다. 반세기 동안 그의 흔적은 지하에 가려져 있을 뿐이었는데, W. 벤야민이 정확하게 말했듯이, "보들레르는 어떠한 양식을 취하지도 않았고 유파도 갖지 않았다. 이것이 그를 받아들이는 것을 몹시 어렵게 만들었"기 때문이다. 그리고 다른 작가들(프루스트, 지드, 발레리 또는 리비에르)의 소개 덕분에 그의 천재성이, 우리의 문화적 현대성의 창시자라는, 참된 모습으로 확인되고 찬양되는 것을 보려면 제1차 세계대전, 1917년에 《악의 꽃》이 공공 분야에 진출하기를 기다려야 하는 것이 사실이다.

2. 언어의 연금술사들과 시구의 예술가들 1924년 〈보들레르의 위치〉라는 제목으로 행한 강연에서, 폴 발레리는 "베를렌도, 말라르메도, 랭보도 결정적인 나이에 《악의 꽃》을 읽지 않았다면 지금의 그 시인들이 되지 못했을 것이다"라고 단언했다. 그리고 그는 대시인의 계보를 특징짓는 주요한 두 갈래의 계통수를 그려낸 최초의 시인이다. "베를렌과 랭보가 감정과 감각의 분야에서 보들레르를 계승했다면, 말라르메는 완벽과 시적 순수성의 영역에서 보들레르를 연장했다." 여기에서 "가련한 렐리앙"[48]에게 주어진 위치를 문제 삼을 수 있겠지만 — 아마도 베를렌은 발레리가 말하는 것 이상으로 보들레르의 시학에서 영향받았을 것이다 — 결국 이런 식으로 소개하는 이중의 유산에는 동의할 수밖에 없다. 한편에는 〈여행〉의 작가가 그 입구에서 멈춘 "심연 밑바닥으로" 빠질 준비가 되어 《악의 꽃》의 비극적 테마에 "흔들리는" 사람들, 또 한편에는 존재와 세계의 신비를 언어에 새겨 넣고 번역해 내는 그 집념을 그에게서 물려받는 사람들. 한편에는 랭보, 로트레아몽, 초현실주의자들 같은 "연금술사들"의 요란한 계열, 또 한편에는 어쩌면 베를렌, 말라르메, 몇 사람의 상징주의 시인들, 그리고 발레리 자신 같은 "예술가들"의 보다 조용하고 은

밀한 계열이다. 이 두 계보 사이의 분리선은 당연히 유연하고 고정되어 있지 않다. 아폴리네르의 "위치"만을 그 증거로 들고 싶은데, 그의 주요 시집 두 권의 제목은, 이 두 "근원"이 제2세대에 속하는 한 사람의 후계자에게서 합류한다는 것을 20세기의 여명에 보고하는 것으로 보인다. 《알코올》과 연금술사들의 디오니소스적인 계통을, 《칼리그람》과 예술가들의 아폴리네르적 계통을 보고하는 것으로.

계통수의 왼손에 해당하는 디오니소스적 자손 가운데, 랭보가 당연히 가장 직계이며 가장 눈부시다. 청소년기에 《악의 꽃》과 《인공낙원》을 읽은 직후, 랭보 자신이 〈취한 배〉에서 "미지의 것" 속으로 시적 대도약을 막 하려던 참에 보들레르의 진정한 천재성을 알아본 것은 그의 공적이다. 그는 보들레르가 낭만주의 시대를 고갈시키는 동시에 마감한다는 것을 잘 알고 있다. "보들레르는 최초의 투시자, 시인들의 왕, *진짜* 신이다." 베를렌이 부르는 별명대로, 이 "어린아이 사탄"이 〈사탄 연도〉의 반역 시인에게서 정확히 무엇을 빌려오겠는가? 도취의, 약물의, 강렬한 감각과 유익한 실향失鄕감의 시적 옹

48 베를렌을 가리킨다.

호 전체를. 그러나 무엇보다 우선 다음과 같은 굳건한 확신을 빌려온다. 즉 시는 유희가 아니다. 시는 세계와 인생에 우리의 존재를 내거는 것이다. 〈투시자의 편지〉 작가는《미술비평》에 나오는 유명한 선언을 자기 것으로 삼을 수 있다면 그만이었다.

> 현재가 표상된 것을 보고 우리가 맛보는 즐거움은 현재가 지닐 *수* 있는 아름다움에서뿐 아니라, *현재*라고 하는 그 *본질적인 특성*에서도 온다. (…) 변모가 그토록 잦은 일시적이고 쉽게 사라지는 이러한 요소를 경멸하거나 그것 없이 살아갈 *권리가* 여러분에게는 *없다*.[49]

그러나《지옥에서 보낸 한 철》에 묘사되고《일뤼미나시옹》에서 승화된 랭보의 연금술이 보들레르의 "강신술"의 제한된 실험보다 더 멀리 그리고 "다른 곳"으로 가는 것은, "스승"에게 있는 형식의 힘과 효과에 대한 신성할 정도의 경의가 소란스러운 후계자에게는 거의 존재하지 않기 때문이다. 자유의 쟁취가 보들레르에게서는 언어와 문체의 금지사항 테두리 안에 머물러있었다. 랭보는 이성을 잃고 궁극적인 침묵에 이를 정도로 쇄신된 내기를 존재의 자유에 건다. 이 자유는 어기대는 언어에, "생각을 걸어 매달고 끌어당기는 생각"에 "착란"이 엄습할 때 실제로 시작된다.

이지도르 뒤카스, 일명 로트레아몽 백작의 경우도 마찬가지다. 로트레아몽 역시 "프랑스 문학의 가장 밀도 높은 악마성을 들이마시는 보들레르 작품에 가까이"(M. 블랑쇼) 온 저 세대에 속한다. 《말도로르의 노래》의 저자는 "넋을 빼앗는" 필치의 거미줄 안으로 그의 시적 욕망에 제공되는 영감과 상상력의 원천을 끌어들이고 소화한다. 이러한 그의 매혹적인 재능을 알게 되면, 그가 《악의 꽃》에서 차용한 수많은 표현이 발견되어도 당연히 놀랍지 않다. 박식한 사람들은 이렇게 "무의식적 차용의 발생지"를 모두 찾아낼 수 있었다. 예컨대 대양大洋의 절節에서는 〈인간과 바다〉를, 매춘의 절에서는 〈사후의 회한〉을, 그 밖에 〈축복〉이나 〈시테르 섬으로의 출항〉을 찾아냈다. 그러나 이러한 테마의 차용은 두 작가의 동물상을 대조함으로써 보충할 수 있고, 상반되는 두 개의 청원 사이에서 광기에 이를 정도로 분열된 "이중 인간"으로서의 두 가지 철학에는 은밀한 합의도 있다. 그보다는 이러한 차용과 합의를 넘어서, 보들레르-로

49 〈현대생활의 화가〉, '1. 미, 유행, 행복'.

트레아몽의 연계에서 가장 주목할 점은, 구원이 아무리 모호하다고 해도, 그것을 향한 "맹렬한" 여정으로서의 시—운문이든 산문이든—의 실험이 끊임없이 이어진다는 것이다.《말도로르의 노래》는 그 "언어의 마그마"가 지닌 온 힘으로 팽팽히 당겨져 말도로르-로트레아몽의 존재 방정식을 인수분해 하는 쪽으로 향해져 있는데, 여기에는 직선성이 있다. 이것은 필치의 성질과 템포의 심한 격차에도 불구하고, 대단히 공들인《악의 꽃》의 직선성과 유사하다. 한 권의 책에서 또 한 권의 책으로, 시는 독자에게 존재의 "침잠"뿐 아니라, 만들어야 하고 재구축해야 하고 구원해야 하는, 존재의 역학(그리고 두 번째 책에서는 아마도 "폭파")인 작동하는 힘으로 다가온다.

초현실주의자들에게, 그 운동의 선구자 또는 발상원 가운데 보들레르의 위치는 아마도 가끔 논해졌던 것 이상으로 문제시되었다. 그가《초현실주의 선언》에서 만년의 위고, 보렐,《오렐리아》의 네르발, 랭보와 같은, "뭔가를 정말 말하고 싶었던 이 사람들"과 나란히 등장한다 해도, 그것은 어느 정도의 유보, 특히 앙드레 브르통 입장에서는 유보가 없지 않다. 보들레르의 "투시력", 욕망의 고양, 현실의 신비 그리고 그 안에 숨어있지만 "조응하는" 면에 대한 직관력에 경의를 표하는 것이다.

온갖 모순이 소멸하게 될 "지고점"의 이론을 예측하는 "어둡고 깊은 통일"을 찾아내려는 그의 집념에 탄복하는 것이다. 그러나 이미 랭보에게서 볼 수 있듯이, 시작詩作의 "경이로운" 행위 속에서 보다 거칠게, 보다 야만스럽게 "되어야" 하는 것에 형태를 부여하는 데 지나치게 전전긍긍하는 창작자에 대하여, 사람들은 집요한 의혹을 떨쳐낼 수가 없다. 그래서 보들레르가 수포, 브르통과《나자》, 또는 자신의《파리의 농부》에 "권태의 보들레르적 악마의 초현실주의 풍 얼굴"(G. E. 클랑시에)을 주는 아라공에게 영감을 불어넣을 때, 1920년대의 이 작품들에서 표출되는 것은 오히려《인공낙원》이나《파리의 우울》의 산문이다. 그러나 우리는《악의 꽃》이, 그 "황당한 부실함"(수포)에도 불구하고, 이 세대 화가들의 그림이라는 우회로를 거쳐, 그 이미지의 흔적을 초현실주의에 은밀히 각인했다고 생각한다. 예를 들어 달리의 환상(시간과 실추의 강박관념, 여자와 성性에 대한 공포), 이브 탕기의 자주 "우울한" 풍경, 그리고 표현에서 그토록 구상적이고 효과에서 그토록 위화감을 주는 키리코나 마그리트 같은 화가의 "상징"도 떠올려보자.

"시구의 예술기능" 면에서는, 베를렌이 보들레르의

두 번째 후손을 열어주는 인물로 보인다. 《악의 꽃》의 강력하고 두드러진 테마들이 베를렌에게서는 "마음을 뒤흔드는" 면에서 무한히 감소된 인상과 감각의 범위에서 "무미건조"해진다 해도, 그가 보들레르에게서 받은 형식상의 영향에는 그의 초기 시에서부터 무시할 수 없는 것이 있다. 물론 〈시법〉의 작가가 홀수 운율이나 급작스럽게 바뀌는 박자와 각운을 편애하는 것은 보들레르의 영향이 아니다. 대신, 예외 없이 우아하고 감동적인 그의 "음악"은 〈발코니〉나 〈여행에의 초대〉 시인의 음악에서 빌려온다. 그보다 더 중요한 것은, 베를렌이, 그의 개인적인 혁신에도 불구하고, 보들레르의 "고전주의"를 넘어 프랑스 시인들의 "라신" 계보를 잇는다는 점이다. 이 시인들에게는, 의도가 빤히 보이지만 효율적인 운율법이 존재하지 않는다면 시의 효과도 의미도 있을 수 없으리라. 선배에게서 "문체의 놀라운 순수성, 빛나고 견고하고 유연한 시구, 힘차고 정교한 상상력, 그리고 어쩌면 그 모든 것 이상으로, 그의 가장 사소한 작품에서도 보여주는, 항상 세련되고, 자주 심오하며, 때로는 잔혹한 감성"을 치하하는 것은 바로 베를렌이 아니던가?

H. 드 레니에, 폴 포르 또는 베라렌(보들레르의 문체는 신

뢰하지만 그의 "근원적인 비극성"과는 무관한 사람들) 같은 시인들이 〈만물조응〉의 작가에게 보내는 찬미에도 불구하고, 상징주의자들에게는 보들레르 계보가 실제로는 없었다 해도, 스테판 말라르메는 이 세대에서 유산의 본질을 이어받은 단 한 사람이다.《악의 꽃》에서 시사받은 무의식적인 차용(존재의 이중성, 불가능한 이상성에의 지향 등)은 그의 초기 시편(〈불운〉, 〈봄별〉, 〈창공〉)을 보면 길게 논의할 것도 없이 너무나 명백하다. 그 후에 말라르메가, 너무 인간적인 선배가 생각할 수 없었던, 까다롭고 현실을 초월한 형이상학의 무게를 이 테마에 준 것은, 그가 정화淨化와 존재론에 대한 자신의 큰 희망, 즉 시 언어는 **존재의 절대**일 수 있고, 그래야 한다는 희망을 지고의 경지에까지 갖고 있었음을 보여준다. 발레리와 클로델 이전에, 말라르메는 고문拷問 같은 자기 글의 미로 속에서, "**그것 자체** 이외의 어떠한 다른 목적도 갖지 않고 다른 목적을 가질 수도 없는" **시**에 대한 보들레르의 전면적인 신뢰를, **자아**와 **세계**와 **표징**의 복잡한 "외형", 상호적이고 동시적인 형상화로서 철저한 사고와 체험을 거친 **순수예술**에 대한 전면적인 신뢰를 재확인한다.

우리와 보다 가까이 있는 G. 바타유, A. 피에르 드 망디아르그, A. 프레노 또는 H. 미쇼 같은 작가와 시인은 이 확신과 이 희망으로 살아온 것 같다. 그리고 만약 우리가, 현대성이 시의 단순한 현실과 합류하는 이 시점에, 보들레르의 두 계보를 다시 확인하기 위해 우리의 동시대인 가운데 두 사람의 이름을 거론해야 한다면, 이브 본푸아와 미셸 드기다. 우리가 이미 인용한《두브》[50]의 작가에게서는 존재의 집요한 탐색가인 시인의 "불안한 명석함"을 고스란히 목격하게 된다.

> 언어가 **관념**도 현전도 표현할 수 없다면, **관념**의 반영이 시의 낱말 속에서 현전의 걸음걸이인 유한성과 죽음을 우리 눈에 보이지 않게 해준다면, 우리는 그것을 알아야 하고, 우리의 불안한 명석함을 안이한 언사의 반대쪽으로 향해야 한다. 나는 시가 무엇보다 끊임없는 전투였으면, 존재와 본질, 형식과 무정형이 지독하게 맞붙어 싸우는 무대였으면 싶다.

《수로》와《표상》의 작가[51]에게서는, 언어의 여백과 "실패" 안에 항상 몸을 피한 **존재**를 "표상하는" 일에 열중한 보들레르의 한없는 노고에 매료된 것이 엿보인다.

> 그의 시는 무한에의 욕망이다. 언어를 갖추는 욕망,

따라서 … 언어의 욕망 … 언어가 무한 "같은 것"이라면, 시는 언어의 "전체"에 대한 "결여"의 이러한 관계에 놓여있다. 시는 언어에 맞서고, 언어에 도전하고, 언어를 희롱하여 그것의 결핍을 국부적으로 규명한다. "나"가 (사물의 담화방이 침묵하는 것에, "세계"가 출두하는 것에 마음이 움직여) 지금 여기에서 언어에게 말하게 할 수 있는 것에 적합한 상태의 설정 불가능으로부터 해방되는 것, 이 욕망은 시가 형태를 갖추는 것이다…

마무리에 이르러, 보들레르의 영향이 얼마나 그의 시의 반짝임에만 머물지 않고 그것을 훌쩍 넘어서는지 잊지 말고 말해야겠다. 그의 현대성은, 이미 보았듯이, 우선은 "비평"이었다. 그의 유산은, 오늘날, 비평과 미학에 똑같이 작용한다. 플로베르, 들라크루아, 마네, 바그너가 우리 앞에 나타난 것은 "결정을 내릴 줄 알았던"(수포) 사람의 놀라운 통찰력 덕분이다. 그 결과로서 특히, 작가의 문학적 위상을 예술가, 심미가, 명석한 창작자

50 본푸아 시집의 정확한 제목은《두브의 유동流動과 정체停滯에 관하여 Du mouvement et de l'immobilité de Douve》다.

51 《수로Biefs》(1964)와《표상Figurations》(1969)은 미셸 느기의 시집 및 작품집.

라는 완전한 규모로 확장시킨 것이 그의 공적이다. 프루스트, 콕토, 레리스, 미쇼, 블랑쇼와 그 밖의 많은 작가들이, 자기들의 작품으로 또한 다른 작가들의 작품에 대한 그들의 시선으로, 시야와 문학공간의 이러한 확장을 증언한다. 보들레르는 자신의 시 작품을 오로지 내면적 서정성의 비밀화원으로 만드는 것이 아니라, 총체적인 동시에 비판적인 세계관의 초점으로 만듦으로써, 시를 "신성한" 게토로부터 벗어나게 했다. 이 게토에서는 시가 낭만주의 시대 직후에 고갈될 위험에 처해 있었던 것이다. 또한 그는, 위험하지만 현대 세계의 현실과 가치와 거절과 충돌에서는 다른 관점에서 풍요한 우주 안으로 시를 쑥 들여보낸 것이다. 이 현대 세계는 오늘날 우리의 세계이기도 하다.

참고 문헌

1. 판본

샤를 보들레르의《전집Œuvres complètes》독서는 갈리마르 출판사에서 나온 '플레이아드 총서Bibliothèque de la Pléiade'(2권)의 클로드 피슈아Claude Pichois 편집본을 주로 참조한다.

《서간문Correspondance》역시 '플레이아드 총서'(2권)의 C. 피슈아와 J. 지글레르Jean Ziegler가 편집 간행한 텍스트를 참조한다.

《악의 꽃Les Fleurs du Mal》연구에는 1942년의 크레페-블랭Crépet-Blin판에 기초하여 1968년에 G. 블랭Georges Blin과 C. 피슈아가 개정한 판본(조제 코르티 출판사)을 사용한다.《산문소시Petit Poëmes en prose》는, 역시 조제 코르티 출판사에서 1969년에 로베르 코프Robert Kopp가 간행한 주석본을 참조하는데, 이 책은 1973년에 갈리마르 출판사에서 '포에지Poésie' 총서로, R. 코프의 새로운 서문과 함께 재출간되었다.

2. 평론

a) 보들레르, 그의 생애와 작품에 관하여

E. Crépet, *Charles Baudelaire*, Messein, 1928.

C. Mauclair, *La Vie amoureuse de Baudelaire*, Flammarion, 1927.

E. Starkie, *Baudelaire*, London: Gollancz, 1933.

G. Blin, *Baudelaire*, Gallimard, 1939.

J. P. Sartre, *Baudelaire*, Gallimard, 1947.

H. Peyre, *Connaissance de Baudelaire*, José Corti, 1951.
P. Pia, *Baudelaire par lui-même*, Seuil, 1952.
M.A. Ruff, *Baudelaire, l'homme et l'œuvre*, Hatier-Boivin, 1955.
C. Pichois et J. Ziegler, *Baudelaire*. 1987.
Y. Charnet, *Baudelaire*, Nathan, 1993.

b) 보들레르의 테마에 관하여

J. Pommier, *La Mystique de Baudelaire*, Belles-Lettres, 1932.
M. Raymond, *De Baudelaire au Surréalisme*, José Corti, 1940.
B. Fondane, *Baudelaire et l'expérience du gouffre*, Seghers, 1947.
G. Blin, *Le Sadisme de Baudelaire*, José Corti, 1948.
J. P. Richard, « Profondeur de Baudelaire », in *Poésie et profondeur*, Seuil, 1955.
M. Butor, « Les Paradis artificiels », in *Répertoire*, Minuit, 1960.
______, *Histoire extraordinaire. Essai sur un rêve de Baudelaire*, Gallimard, 1961.
C. Mauron, *Des Métaphores obsédantes au mythe personnel*, José Corti, 1963.
______, *Le Dernier Baudelaire*, José Corti, 1966.
M. Milner, *Baudelaire, enfer ou ciel qu'importe*, Plon, 1967.
T. Bassim, *La Femme dans l'œuvre de Baudelaire*, A la Baconnière, 1974.
R. Kempf, *Dandies. Baudelaire et Cie*, Seuil, 1977.
L. Bersani, *Baudelaire et Freud*, Seuil, 1981.
W. Benjamin, *Charles Baudelaire: Un poète lyrique à l'apogée du capitalisme*, Payot, 1982.
D. Rincé, *Baudelaire: Les Fleurs du mal et autres écrits*, Nathan, 1983.

c) 보들레르의 미학과 시학에 관하여

A. Casagne, *Versification et métrique de Charles Baudelaire*, Hachette, 1906.

A. Ferrand, *L'Esthétique de Baudelaire*, Hachette, 1932.

G. Michaud, « Baudelaire, poète moderne », in *Le Message de la poésie symbolique*, Nizet, 1947.

J. Prévost, *Baudelaire: Essai sur l'inspiration et la création poétiques*, Mecure de France, 1953.

S. Bernard, *Le Poème en prose de Baudelaire à nos jours*, Nizet, 1959.

R. Galand, *Baudelaire, poétiques et poésie*, Nizet, 1969.

H. Friedrich, « Baudelaire, le poète de la modernité » in *Structure de la poésie moderne*, Denoël-Gonthier, 1976.

M. Quesnel, *Baudelaire solaire et clandestin*, PUF, 1987.

J. Starobinski, *La mélancolie au miroir: Toris lectures de Baudelaire*, Julliard, 1989.

d) 보들레르와 19세기, 20세기의 작가들에 관하여

M. Barrès, *La Folie de Charles Baudelaire et Les Taches d'encre*, textes de 1884 regroupés en brochure chez Les écrivains réunis en 1926.

J. Laforgue, « Notes sur Baudelaire », in *Mélanges posthumes*, Mercure de France, 1909.

M. Proust, « A propos de Baudelaire », in *Chroniques*, Gallimard, 1927.

P. Valéry, « Situation de Baudelaire », in *Variété II*, Gallimard, 1930.

P. Soupault, *Baudelaire*, Rieder, 1931.

J. P. Sartre, *Baudelaire*, Gallimard, 1947.

W. T. Bandy et C. Pichois, *Baudelaire devant ses contemporains*, Ed. du Rocher, 1957.

P. J. Jouve, *Tombeau de Baudelaire*, Seuil, 1958.

Y. Bonnefoy, *L'Acte et le lien de la poésie*, Mecure de France, 1958.

P. Emmanuel, *Baudelaire, la Femme et Dieu*, Seuil, 1982.

B. H. Lévy, *Les derniers jours de Charles Baudelaire*, Grasset, 1988.

"현대성이란 일시적인 것, 사라지기 쉬운 것, 우발적인 것으로서, 이것이 예술의 절반을 차지하며, 예술의 나머지 반은 영원한 것과 불변의 것으로 되어있다."

보들레르는 미술비평 〈현대생활의 화가〉에서 현대성을 이렇게 정의한다. 이 평론이 우여곡절 끝에 처음 공개된 것은 1863년 11월, 작성 시기는 1860년 전후로 알려져 있다. 오늘날 보들레르를 대표하는 단어로 자리 잡은 '현대성'이라는 말을 그 자신이 사용한 것은 여기에서뿐으로, 당시로서는 아직 신조어라고 할 수 있는 단어에 미학적인 주장을 얹고 있다. 단어 자체는 뒤늦게 나왔지만, 현대성을 내포하는 개념은 공개적인 첫 글에서부터 나타난다. 문단 데뷔작인 〈1845년 살롱〉 말미에서 이미 '현대생활의 영웅성'을 언급하고 이듬해의 〈1846년 살롱〉에서는 마지막 장을 '현대생활의 영웅성'에 할애하여, 화가들에게 현대의 파리 생활에서 새로운 요소인 현대의 미를 추구하라고 제언한다. 결국 현대성은 문필생활 20년 동안 시인에게 일관된 테마였다고 할 수 있다.

도미니크 랭세의 《보들레르와 시의 현대성 Baudelaire et la modernité poétique》(1984)은 시인이 현대성을 탐색하고 착상해 가는 과정을 보여주는 책이다. 시인이 놓인 문학·예술사적인 지점에서 현대성의 필요성을 자각하여 비평문에서 먼저 역설하고, 시 작품을 통해 실천과 완성을 향해 가는 것을 시집 《악의 꽃》과 《파리의 우울》을 중심에 두고 고찰하는 방식을 취한다. 19세기 프랑스 문학의 전문 연구자인 저자의 특징은 문학의 흐름이나 작품 자체를 역사와의 상관관계에서 응시하려는 자세인데, 이는 이 책과 같은 '크세주 문고'에서 발간된 전작 《프랑스 19세기 시》(1977)와 《프랑스 19세기 문학》(1978)에서 확인할 수 있다. 이러한 관점은 보들레르에 관한 전문 연구서인 이 책에서도 예외가 아니다.

앞 세기의 신구논쟁과 대혁명을 거치면서 탄생한 진보사관과 함께 상대적 미학관이 싹트고, 그 문학적 결과물로서 등장한 것이 낭만주의다. 낭만주의 토양에서 성장했고, 낭만주의와 현대예술을 동일시하는 보들레르가 낭만주의는 물론, 거기에서 파생된 문학 유파의 폐단과 취약점을 수정 보완함으로써 낭만주의와 현대성의 관계를 밝힌 점이 랭세의 첫 번째 과업이라고 할 수 있다. 역사와의 상관관계를 중시하는 문학사적인 측면에서 작품을 보는 한편, 현대성 테마를 인식하는 데 있어서 작품 자체를 검토하는 방식도 돋보인다. 비평문, 운문시, 산문시, 그리고 여타의 산문들을 시간적 순서에 따라 살피는 대신, 현대성을 추구하는 시인의 전체상을 파악하기 위해 장르를 오가며 구조적인 방법론을 취한다. 또한《악의 꽃》의 구조에 대해서는, 끊임없이 강조된 '건축'의 개념을 인정하면서도 한 발 더 나아가 작품과 작품 사이에서 상호적으로 작용하는 힘이 시집의 의미를 만들어낸다는 역동성을 간파한다. 이에 그치지 않고《악의 꽃》의 역동성과《파리의 우울》의 유동성, 전자의 완결성과 후자의 개방성, 존재의 역학과 존재의 파열 등으로 운문시집과 산문시집을 비교·대조함으로써 현대성의 완성에 다가가는 것을 선명하게 논증하는 것이 저자 랭세의 탁월한 방법론이라 하겠다.

보들레르가 창출한 현대성이 시문학의 혁명을 초래하여, 보들레르가 문학에서 '하나의 기원'이 되는 데 결정적으로 기여한 현대성의 자취를 보여주는 이 책의 저자 도미니크 랭세는 1950년에 낭트에서 태어났다. 에콜

노르말(고등사범학교)에서 수학한 후 에콜 폴리테크니크(이공과 대학)에서 프랑스 문학 교수를 역임했고 2015년 은퇴 후에도 다양한 문학 활동을 하고 있는 것으로 알려진다.

작은 판형에 128쪽으로 지면을 제한하는 크세주 문고에 담아내기 쉽지 않은 테마를 가지고, 저자는 특유의 젊고 탄력 있는 문장과 명석함으로 완성도 높은 텍스트를 만들었다. 그럼에도 인용문이나 작품의 작성연도 등 크고 작은 몇 가지 오류를 범하고 있는 것을 지적하지 않을 수 없는데, 그것은 옮긴이가 인지한 범위에서 옮긴이 주를 통해 바로잡았다.

끝으로, 강성욱 황현산 두 스승의 번역으로 35년 전에 나온 도미니크 랭세의 전작 두 권의 재출판 기회에 시리즈로 참여할 수 있는 영광을 누리게 해준 고려대학교출판문화원에 머리 숙여 감사드린다. 의미 있는 기획물을 만들고자 정성과 수고를 다 해준 김원기 선생에게 특별한 고마움을 전하고 싶다.

정명희

찾아보기

찾아보기는 인명과 책·작품명 등의 두 종류로 각기 가나다순으로 배열하였다.

인명

ㅎ

책·작품·신문·잡지

보들레르와 시의 현대성

초판 발행 1쇄 2021년 2월 25일

지은이 도미니크 랭세
옮긴이 정명희

펴낸곳 고려대학교출판문화원
www.kupress.com
kupress@korea.ac.kr
(02841) 서울특별시 성북구 안암로 145
Tel 02-3290-4230, 4232
Fax 02-923-6311

북디자인 오진경
찍은곳 네오프린텍(주)

ISBN 979-11-90205-58-0 92860
값 14,000원
※ 잘못 만들어진 책은 바꿔 드립니다.